世界のひきこもり

地下茎コスモポリタニズムの出現

ぼそっと池井多

寿郎社

世界のひきこもり

地下茎コスモポリタニズムの出現

目次

装画　相川みつぐ
装幀　ハナカユイ

はじめに――地面を掘って国境を越える

哲学者の日向ぼっこ

「何か望みの物はないか」

アレクサンドロス大王が多くの供者を連れて、家を持たず酒樽に暮らしている哲学者ディオゲネスを訪ねたとき、彼は日向ぼっこをしていた。

「あなたが立っていると日陰になるから、そこをどいてください」

ディオゲネスの望みはそれだけであった。世間的な欲はなく、自分の欲望にだけは忠実だった。

古代ギリシャでは、ポリス（都市国家）が国際社会の単位であり、戦争で敗けたポリスの住民は奴隷となっていた。ディオゲネスは、ポリスの境界線には意味がなく、この世界に住む理性ある人間はすべて平等に尊重されるべきだという考えを持っていた。コスモポリタニズム（世界市民主義）である。

ディオゲネスを「ひきこもり」の元祖と見る人は多い。しかし「ひきこもり」に相当する古代ギリシャ語はない。そのころはまだ社会が「ひきこもり」という語を生み出す必要がなかったのだ。私がひきこもりを始めた一九八五年でさえ、今日使われている意味での「ひきこもり」という語はまだ存在しなかった。

私の「ひきこもり」の始まり

二三歳の夏、就職活動の最中に私は布団から起き上がれなくなった。なぜ自分がそうなったのか、さっぱりわからなかった。自らの心身に鞭を打って必死に就職活動を終え、その結果、誰もが認める優良企業に内定が決まると、心は軽快になるどころか鉛のように重く沈み、私はさらに部屋から出られなくなったのである。

大学へ通うために一人で東京に出てきていたので、私のひきこもりは両親の家ではなく、下宿していたアパートで始まった。

「これじゃあ会社に勤めることなんかできない」

企業の内定を断った。大学は卒業せず、家賃を節約するため学生寮へ移り、留年することにした。こうして時間を稼いでいる間にひきこもりが「治る」かと期待したのだが、いっこうにその気配はなく、二年後、在籍年限によりいよいよ大学を追い出される日が近づくと、ひきこもりはむしろ極まっていった。

まだ携帯電話もインターネットもなかった。電話をかけるには、外の公衆電話まで出かけなくてはならない。ひきこもりにはそれができない。すると、人と言葉を交わすことがなくなった。本や手紙を読めば、他者に接することはできたかもしれない。しかし、そこに書かれている言葉は過去に発せられたものである。現代のチャットのように、モニターの向こうでこちらの返事を待っている相手の息遣いが感じられるようなことはない。同時的な言葉でない以上、そこから嗅ぎ取ることのできる他者の存在の意味は異なってくる。

人とのつながりが切れ、受け手がいなくなった私の言葉は、ぐるぐるとひたすら頭の中を回るだけとなった。それならば部屋を出て、人と交わる場に出ていけばいいと「ふつうの人」は言うだろうが、ひきこもりにはそれができないのである。孤独にさいなまれながらも、孤独を選んでいるのであった。

「こいつは部屋から出てこないで、いったい毎日何をしているのか」

と大学の友人たちが訝《いぶか》しがった。格好悪いことはわかっていた。しかし、友人たちに自分の状態を何と伝えればよいかわからない。このままひきこもっていて、これからはたしてどうなるのかと不安でもある。心の苦しさがつのって、やがて自殺を考え始めた。

ところが、このときの私は極端なことに、アフリカへ向かったのだ。いかにも死ねそうな危ない国々を目指すことで、こちらから積極的に自殺しなくても死ねることに期待したのである。

しかし、人が一つの行動を選択するとき、理由は決して一つではない。そこには、若者にありがちな見栄もあった。海外へ行ってしまえば、国内に留まる友人や知己には、私がそこで何をしているか、あるいは何もしていないかは見えない。「海外へ行っても、場所を変えてひきこもっているだけ」という真相は知られないで済むのである。「あいつはきっと海外を雄飛している」などと、活動的なイメージを勝手に思い描いてくれる。そんな誤解をあえて生じさせることで、姑息にも自分がひきこもりであることを隠そうとした。

「そとこもり」と「うちこもり」

いざ海外へ行ってみると、各地に日本人村ができており、私と同じように日本社会から逃げてきて、毎日何もしていない若者たちがたくさん生きていた。かなりの数の中高年もいた。さらに、よく目をこらしてみると、日本人のように同胞で固まることはしないが、欧米諸国出身者にもそういう人たちが大勢いることがわかった。「そとこもり」は世界中の人々が取る行動であったのだ。

彼らが帰郷するときにくっついて、たとえばヨーロッパの田舎町へ行ってみると、そこでは「類は友を呼ぶ」現象が起きていた。すなわち、インターネットのない時代、部屋にひきこもって本ばかり読んでいる多くの「うちこもり」に会ったのだ。何もしない道楽息子のようなひきこもりもいた。

過去に遡ってひきこもりの実在を証明することはできないし、「ひきこもり」という語がなかったので「ひきこもり」の調査も行なわれなかったが、こうして考えると、いつの時代もひきこもりはいたと思われる。古くは隠士《いんし》、遁世者《とんせいしゃ》などと呼ばれ、村の人々から尊敬されているひきこもりもいたらしい。それが今ではどうだ。「ひきこもり」というと不気味な異常者として警戒され、ちゃんと生活する能力がない者として軽蔑されているのである。

たとえば一九五三年、フランスの精神科医ゲイヤルは、さまざまな原因から生じる「閑居《かんきょ》(claustration)」と彼が名づけた行動を考察する論文を発表している。その後「閑居」という語は、一九九四年に改訂された『ラルース事典』において「自宅への閉じこもり(enfermement)を意味する」という説明が加えられた(鈴木國文、古橋忠晃、ナターシャ・ヴェルー編著『「ひきこもり」に何を見るか　グローバル化する世界と孤立する個人』青土社、二〇一四年)。

また一九六〇年代の日本では、多くの若者が「学園紛争」や「革命運動」と称して既存の社会と敵対し、仕事にもつかずに走り回っていた。ああいう人たちは今日であれば「そとこもり」である。革命のための潜伏と称して、実際に山の中へひきこもっていた若者たちもいた。

あの時代は、彼らの「ひきこもり」を社会化してくれる政治的イデオロギーが広まっていた。だから、資本主義社会の一員となって働くよりも崇高な選択として、ひきこもりという行為が尊重される余地があった。しかし、ゲバ棒を持って石を投げていた「元そとこもり」の老人はそのことに気づかず、

「昔はひきこもりなどいなかった。最近の若者はなっておらん」

などと言うのである。

歪められた「ひきこもり」像

日本の公文書に初めて「ひきこもり」という語が登場した一九八九年には、私はまだ「そとこもり」の真っ最中でアフリカ大陸をうろついていた。

「なんとか学校を出られた今、二度と勉強なんかするもんか」

と思っていたが、「そとこもり」をしている歳月は結果的に語学習得の日々となった。安宿の部屋にこもっていても、ときどき市場へ買い物に出なければならず、また宿屋の主人とさまざまな交渉をし、同宿の隣人たちとも会話を交わさなくてはならない。そのたびに新しい言語を

覚えざるをえない。当時の日記を見ると、たぶんアラビア語だと思うが、今の私が読めない文字が書きつけられていて驚いたりする。

一九九一年に日本に帰ってきたときに、私はもうすぐ三〇歳になろうとしていた。それから一〇年をかけて、「ひきこもり」がある種の若者の生活形態を示す言葉として日本社会で広まっていくのだが、私自身はまだその語に出会っていなかった。

日本でも私はしばらく何もしないでいたのだが、「あなたがアフリカで味わったことを文章に書いてみたらどうだ」と勧める人がいて、ためしに南アフリカでの体験を書いてみたところ、幸運にもあるノンフィクション賞の次点になってしまった。

それをきっかけに国際ジャーナリストなどという柄にもない肩書きを付けられ、仕事らしきものが押し寄せてくるようになった。テーマを与えられ、海外へ取材に行き、記事や本を書き、専門家ぶって偉そうに講演をして回るのである。おそらくこれを「就労」「ひきこもりからの回復」と讃える人がいるだろう。ところが私はこれによって、再び得も言われぬ苦しさを心に蓄積していくようになった。働くことは誰にとっても苦しいにちがいないが、それとはまた異なる質の苦しさだった。

母親に虐待されて育ってきた私の中には、幼いころからたくさんの傷が膿んで埋もれている。私にとって言葉とは、それらの膿を奥深くから掻き出し、外へ放り出す貴重なツールだった。そのツールをよく知らない国の政治や経済へ使ってしまうと、心の膿がたまっていき、どうにも重たくて仕方がない。

「自分にはまったく関係ない」とまでは言わないが、魂に差し迫っているわけでもない遠国の出来事を、国際ジャーナリストとしてさも重大事件であるかのように書く仕事は、私の心に逆らう作業であった。

四年もしないうちに私は再びうつでつぶれ、ひきこもりへと戻っていった。今度は日本国内での「うちこもり」、それも部屋から出てこない「ガチこもり」であった。

そのころにはすでに日本の社会に「ひきこもり」という表現が広まっていたのだが、それでもまだ私は自分が「ひきこもり」だとは思っていなかった。そういう認識を持ったのは、さらに年月が下り二〇〇三年ごろ、精神科の主治医から「あんたはひきこもりにすぎない」と言われてからである。

私は「冗談じゃない」と思った。当時、「ひきこもり」というと、京都てるくはのる事件、西鉄バスジャック事件、新潟少女監禁事件といった陰湿な犯罪のイメージばかりが先行していた。それで「それらの犯人と自分が同類と見なされるのはゴメンだ」などと思ってしまったのである。当時のメディアは、一部のセンセーショナルな事件から引き出される例をひきこもりの標準形であるかのように報道してその全体像を歪め、ひきこもりを陰湿で危険なモンスターとして描いていった。その延長として、二〇一九年の川崎登戸通り魔事件を契機に「ひきこもりは犯罪者予備軍」という文字がメディアに踊ることとなった。

専門家たちのヒキエンタリズム

そのような偏ったひきこもり像を、ひきこもりを理解する姿勢を示しながらも結果的に助長してしまったのが、多くのひきこもり問題の専門家だと思う。彼ら彼女らのそのような姿勢を、私は「ヒキエンタリズム」と呼ぶ。

この造語は、オリエンタリズムをもじったものである。二〇世紀の中ごろまで、西欧で継承されてきた東洋人のイメージは、怠け者で、文明度が低く、肉体的にも劣った存在であった。西欧人がちゃんとした人間であり、見る存在、すなわち主体であるのに対し、東洋人はちゃんとしていない人間、見られる存在、すなわち客体だったのである。その構図を暴き出したのがエドワード・サイード『オリエンタリズム』であった。オリエンタリズムは、西欧が東洋に対して侵略や搾取といった阿漕《あこぎ》なことをするときだけでなく、支援など善意の手を差し伸べるときにもその背後に漂っていた。

これは、ひきこもりの専門家と当事者にも言えることである。専門家にとって当事者は、精神科治療や社会福祉の対象としてしか意味を持たない存在であり、自分と同じ人生や生活の地平に生きている者ではなかった。あくまでも研究し、論評し、ときには救出する対象にすぎなくて、とどのつまりは客体だった。ひきこもりが思想や主張を持ち、それを自ら表現しうる主体とは考えておらず、そうした表現を見つけると、専門家自身のひきこもり観を守るために「あいつはひきこもりじゃない」などと言い始めることもあった。

当然、「ふつうの人」たちは専門家の見方に従った。ひきこもり当事者が社会から他者化された客体である限り、専門家や「ふつうの人」たちは優位に立ち、ひきこもりは劣位に置かれる。この劣位性は、メディアの描く陰湿で危険なモンスターというひきこもり像から生まれたものでなかったかもしれないが、結局はそのようなイメージを裏打ちしていったのである。

そこまでネガティブなひきこもり像でなくても、

「ひきこもりとは、日本の若者たちの間で近年始まった現象である」

などという専門家による断定を見聞きするたびに、私は首を傾げ、「そとこもり」していたころに世界各地で会った、自分の同類たちの顔を思い浮かべた。しかし、彼らに当時のことを証言してもらおうにも、すでに連絡が途絶えていて不可能だった。

新たな探索の始まり

けれども、「当時いた」ということは、現在も海外にひきこもりはいるに違いない。私はそう考え、アンテナを伸ばし始めた。インターネットで「hikikomori」を検索してみると、フランス語圏で一件ヒットした。「ひきこもりたちのフォーラム」(Le Forum des Hikikomoris) というサイトである。

「そとこもり」時代に習得した言語はもうほとんど忘れていたが、英語やフランス語など、日本に帰ってきてからも出くわすものに限ってはかろうじて憶えていた。

私はサイトの中の掲示板に、

「私は日本のひきこもりです。ひきこもりに関する日仏の情報交換をしませんか」

という主旨のメッセージを残した。

数日を経ないうちに、次々と反応があった。本書で紹介するアエルやギードなどは、そのメッセージを見て連絡をくれた人たちである。

その後も私はインターネット上のさまざまな言語圏へ出かけていき、同じような探索を繰り返した。そのうちにイタリアのひきこもり支援者からコンタクトがあった。本書に登場するマルコ・クレパルディである。彼を通じて、やがて私はイタリアのひきこもりたちのチャットルームにも入れてもらった。

インターネットが出現する以前からひきこもりをやっている私にとって、これは信じられないことだった。日本・フランス・イタリアのいずれの国でも、ひきこもりたちは一歩も部屋から出ることなく、さまざまな通信ツールを使って、インターネット上で旺盛に交流していた。ひきこもりには昼夜逆転している者が多く、交流は主に「ふつうの人」たちが寝静まった夜間に行なわれる。時差があるので、ヨーロッパのひきこもり系サイトが活発化してくるのは、日本時間の午前中である。私はたいていまだ寝ている時間帯だ。

ひきこもりは「見られる」ことを嫌う人が多いので、インターネット上で親密になっても、ビデオや音声の通話はあまり使わない。あくまでもテキストのやりとりが主である。しかし、見かけ上はそっけなく交信される文字列が、実に重厚で高邁な思想や観念を運んでいることもしばしばあった。

地下茎でつながるコスモポリタニズム

ひきこもりが部屋の中で、このように広範で緊密なネットワークを持っていることを、家の外を往来している「ふつうの人」たちはもちろん、家の中で生活している他の家族たちも知らないだろう。地上からは、地下は見えない。

たとえば竹林がわかりやすい例だ。竹という植物の姿は地面から上と下ではまるで違う。陽を受け風にそよぐ葉や枝からは、まさに想像もつかない形や規模の根が、土の下にみっしりと張り巡らされている。地下茎だ。そのさまは、ときに豊饒ですらある。地上の建設とは異なる、地下の闇の中の繁栄である。ひきこもりたちのネットワークも、それであった。

「ふつうの人」たちが活躍している地上の社会では、常識が幅を利かせ、正論が掲げられ、クールで手短な言葉が好まれる。「面倒くさいこと」は避けられ、人々はそれを跨いで通る。しかし正論は、人々に受け容れられやすいかわりに、本当はそんなことを考えていなくても、世間に通用している言葉を適当につなぎ合わせることで誰にでも言えてしまう。

それに比べて、ひきこもりたちが地下茎を通じて交信している言葉は、重く不器用で冗々しいことが多い。あえて「面倒くさいこと」の領域に分け入り、本当に自分が感じたり考えたりしていることを忠実に置き換えようとして、苦悶《くもん》の果てに絞り出している言葉である。それらは常識をくつがえし、正論にあらがう。

私はこれを「真論《しんろん》」と名づけてみた。真論はオーダーメイドなので、正論のように大量生産できない。また、世間に通用していないため、なかなか人々には受け容れてもらえない。

これらの真論をかき集めて、さまざまな国のひきこもりたちが営んでいるそれぞれの地下コミュニティを結んでみたいと思った。そこで出てきたのが「世界ひきこもり機構」という構想である。

英語名は「World Hikikomori Organization」か？　いや、それでは略したときに世界保健機構（WHO）と同じになってしまう。また、ひきこもりの意識に国家（Nation）の影が薄いことも気にかかった。

「ふつうの人」が国境を越えようとすれば、家から出て、空港へ行き、地面から高く舞い上がるであろう。しかし、ひきこもりは家にこもり、部屋の扉を閉め、地中へ潜っていくようにインターネットの中に没入することで越境する。

そのとき、ひきこもりたちはどこそこの「国」の人間という帰属意識はほとんど持たない。個々の当事者はたしかに母語は違うし、背景の社会制度も違うが、「ひきこもり」として持っている感性や世界観は「国」に関係なくほぼ同じである。その裏返しとして、「ふつうの人」たちの暮らす地上、すなわち外の世界を、外国よりも遠い国のように見なしていることも共通している。つまり「ひきこもり」という属性だけで、素早く対等に通じ合えてしまうところに、一つのコスモポリタニズムがあった。

しかし、「万国のひきこもりよ、団結せよ」というわけにはいかないだろう。ひきこもりは多様であり、一人の当事者は他の当事者を代弁できない。ひきこもりから脱しようと必死である当事者もいれば、ひきこもりであることを受け容れている当事者もいる。「私たち」という一人称複数は安易に使えない。そのような個別性と多様性の保証されたネットワークが、地下茎でつながるコスモポリタニズムなのである。それはおそらくディオゲネスも認めてくれるだろう。

地下茎コスモポリタニズムは、ある意味では専門家たちのヒキエンタリズムに対抗する概念でもある。しかしこれは、ひきこもり当事者から専門家を逆に対象化しようという企てではない。専門家が見当違いな対象化を私たちひきこもり当事者へ仕掛けてくるのを尻目に、自分たちが個々に主体である世界を展開しているところにコスモポリタニズムが生まれている。

そう考えると、World や International といった語は、世界ひきこもり機構の英語名にはそぐわないと思われ、代わりに Global を採用することとなった。

二〇一七年一二月、「世界ひきこもり機構」（Global Hikikomori Organization）（略称ＧＨＯ）というページをフェイスブック上に新設するのに際し、まずは日本のひきこもりにＧＨＯの存在を知っていただこうと考えた。そこで、東京で二カ月に一度開かれている、ひきこもりに関係する人々が一〇〇名近く集まる「庵 -IORI-」というイベントにおいて、ファシリテーター河内千晴さんの進行によりＧＨＯの創設式を行なった。

その日に合わせて、イタリアからはシチリアのひきこもり支援者の高校生マリアテレサと、ミラノの支援者代表マルコ・クレパルディ、フランスからはひきこもり当事者としてアエルがビデオメッセージを送ってきてくれた。その後、このＧＨＯを舞台に、本書に収録したような対話が次々と生まれていくことになったわけである。

それでは、地下茎コスモポリタニズムの世界でＧＨＯのひきこもり当事者たちが紡ぎ出す「真論」の数々に、耳を傾けていただくことにしよう。

世界のひきこもり

地下茎コスモポリタニズムの出現

フランスのひきこもり　ギードの場合

ぼくは孤独が好きなんだ。パソコン、ベッド、安らぎがあれば十分さ。

「はじめに」にも書いたように、ギードはＧＨＯができる前に、私がインターネット上のフランスの団体「ひきこもりたちのフォーラム」[01]に残してきたメモを見て、インタビューに応じる旨を連絡してきてくれたひきこもり当事者である。毎日、本をたくさん読んでいるだけあって、香り高い文学的言語表現をする若者だ。わずか二二歳の若者が、自分がひきこもりになっていったプロセスをここまで客観的に叙述できるというのは、同じ年齢のころにまったく自分が見えていなかった私にとっては驚きであった。

知り合ってそろそろ三年になるが、今でも安定したやりとりを続けており、私がフランス語で記事を出すときには厳しい査読者になってくれている。このインタビューは、彼と知り合ってから一年後ぐらいまでの期間にあたる二〇一七年八月から二〇一八年七月ごろまでの対話を編集して一つにまとめたものである。

アニメを観て自分がひきこもりだと気がついた

ぼそっと　いま、いくつ？

ギード　二二歳になりました。[02]

ぼそっと　どのくらいひきこもっているの？

ギード　ひきこもって、もうすぐ六年になるかなあ。

ぼそっと　あんまり、出かけないのかな。

---

01 **ひきこもりたちのフォーラム（Le Forum des Hikikomoris）**　「Hikikomori」はフランス語にとって外来語なので、本来であれば末尾に複数を表す「s」はつけないことになっているが、文法的に正しくないほうがかえって若者たちのグループとしてリアリティを持つからか、Hikikomorisという表記が採用されていた。

02 **二二歳になりました**　二〇一七年八月時点。

ギード 出かけないね。あなたは？

ぼそっと 私も出かけないなあ。たぶんドアの外に出るのは三日に一度くらい。だから体力が衰えやすい。そこで私はときどきジムへ行って汗を流すようにしている。ジムで人に会って世間話をしなくちゃいけないのが嫌だけどね。きみは、どうやって体力を維持しているの？

ギード とくに何もやっていないよ。ぼくは自分の身体をネグレクトしているんだ。一時期すごく太ってね。身長は一八〇センチなんだけど、体重が一〇三キロまでいったよ。それで間食のお菓子をやめて、コカ・コーラみたいな飲み物も飲まなくなったんだ。それで体重が戻って、いまは七八キロ。体型は「ふつう」に見える。ぼくは基本的にがっちりした体格なんだ。だからぼくは、運動不足による問題は感じていない。

ぼそっと どうやって「ひきこもり」という日本語にたどりついたの？

ギード 最初に「ひきこもり」という言葉を知ったのは、『N・H・Kにようこそ！』というアニメだった。三年間ひきこもっている青年の物語さ。

ぼそっと 知ってるよ。私自身は観たことないんだけど、そのアニメのことは、ほぼ全員と言ってよいくらいヨーロッパのひきこもりたちが熱っぽく語るから。

ギード あの作品は面白かったよ。あれを観て、ぼくは自分で「ひきこもり」という言葉を調べてみたんだ。すると結局、自分がそうだということがわかった。それで二〇一六年に「ひきこもりたちのフォーラム」というインターネット上のグループに参加したのさ。そこであなたが残していった、「インタビューに答えてくれるひきこもり当事者の方、ご連絡ください」というメモを見つけることになったというわけ。

フランスでもっとも美しい村の「知られざる住民」

ぼそっと フランスのどの辺りに住んでいるの？

ギード オーヴェルニュ。人口二五〇人ぐらいの小さな村だよ。近くの大きな町は、クレアモン・フェランかな。生まれたのはサン・フロレという町で、いま住んでいる村から一三キロ離れている。そこは長い間「フランスでもっとも美しい村」にランク・インしているんだ。幼いころからクレアモン・フェランの周辺で何回か引越しをして、いまの村に来て九年になる。

ぼそっと そんな小さな村だと、村人同士の距離はかなり近いんじゃない？　ひきこもっていて、村の人間関係がしんどいってことはない？

ギード 村はよく住人が入れ替わる。しょっちゅう引っ越していくんだ。つい先日も新しいお隣さんが入ってきたんだけど、その人はまだここにぼくという住民が存在することすら知らないね。村の雰囲気は悪いと思う。人々は助け合わないし、他人のことに興味がないんだ。でもそういう空気はひきこもりであるぼくには合っている。ぼくは彼らに助けてもらいたくないし、興味を持たれるのもごめんだ。

ぼそっと　それはわかるなあ。私も近所付き合いはごめんだ。

ギード　でもね、近所の何人かはきっとぼくがひきこもりであるということに半ば気づいている。このごろぼくはほとんどドアの外に出ないから、彼らはたぶん、ぼくが町へ行ってしまったと思っているんじゃないかな。ぼくはこの村では「知られざる住民」なのさ。存在しないに等しい。それから、ぼくが住んでいるのが都会のような集合住宅（アパルトマン）じゃなくて、一軒家だということも大きい。それだけ近所の人とも距離が置けるからね。

ギードの家の近くを流れるクーズ・シャンボン川

ひきこもりだって恋愛はできる

ぼそっと　フランスの、他のひきこもり仲間を誰かリアル[03]で知っているかい？

ギード　知らないな。他のひきこもりたちとはもっぱらネットでやりとりするだけなんだ。一番仲の良い友達は、二四歳の女の子。彼女もひきこもりだ。でも実際に会ったことはない。それからその子とは別に、ぼくには去年、恋人がいたんだ。

ぼそっと　へぇ！　その彼女の話を聞かせてよ。

ギード　彼女とは二〇一六年三月にネットで出会った。ぼくたちはすぐに恋に落ちたよ。彼女との恋は、ぼくの日常生活を信じられないほどに変えた。彼女の存在は、この瀕死の生活を救ってくれるオアシスだったんだ。彼女はまだ高校生で、性格は内向的で、ぼくのようにひきこもりになる素質を十分に持っていた。ぼくたちはネット上でデートを重ねた……。

ぼそっと　ネット上だけで？　実際には会わなかったのかい？

ギード　一度だけ会ったよ。二〇一六年六月、パリ郊外のヴィルパントで日本博覧会が開かれ

---

03 リアル　ここでは「インターネット上ではない実生活の人間関係」という意味。

たときにね。それは、日本で作られた文化的なもの、とくにアニメやマンガをたくさん展示している催し物だった。ぼくたち二人はそういうのが大好きだったから、一緒に計画して、リアルに会ったんだ。あれは、ぼくのこれまでの全人生で最高の一日だった……。

ぼそっと なんという素敵な話だろう。それで、実際に会ったあともきみたちの交際は問題なく続いたのかい?

ギード しばらくは続いたよ。彼女はぼくの住んでいる村からは遠い町に住んでいるから、ぼくたちが会えるのはインターネット上だけだった。もう一度リアルで会いたくなったけど、問題は彼女がまだ一七歳、未成年だったということさ。それに彼女の親は、まあ、彼女が言うには……とても厳格である、と。

ぼそっと そりゃあ大問題だわな。

ギード ぼくはわかっていたさ。もし彼女の親が、当時二一歳だったぼくのような男と自分の娘が付き合っていることを知ったらめちゃくちゃ怒るだろう、と。だからぼくは慎重でなければならなかった。彼女はしきりに会いたがったけど、ぼくは彼女の家まで行くことは控えたんだ。そうしたら喧嘩になっちゃって、二〇一七年の初めに「別れよう」ということになった。それからぼくはずっとうつ状態だった。彼女とは一応、友達としてまだつながってはいたんだけど、再び二〇一七年七月に大喧嘩になって、それでもう二度と話さなくなった。

ぼそっと　完全に終わっちゃったのか。悲しいね。

ギード　でもいずれにせよ、彼女という存在と出会えたおかげで、ぼくは信じられないほどの歓びを味わった。後悔はしていない。これも人生の苦楽の一部さ。ところで、いつかぼくの話を記事にするのなら、今のくだりは絶対に削らないでね。ぼくは、世界中のひきこもりに知ってほしいんだ。ひきこもりだって恋愛は不可能じゃないって。というか、ひきこもりだってすべては可能なんだ。このことが、世界のひきこもりにひとすじの希望の光をもたらしてくれるなら、ぼくにとってそれほど嬉しいことはないよ。

日本のアニメ作品が好き

ギード　ぼくはオタクだ。アニメが好きで、日本が好き。

ぼそっと　日本のどこが好きなの？

ギード　文化、食べ物、風景、そして歴史。とくに日露戦争から第二次世界大戦にかけての日本の歴史はめちゃくちゃ面白いね。一八六八年、明治維新のあと、日本はものすごい勢いで近代化を推進したでしょ。あれって、ほんとに信じられない。一九世紀中ごろには、まだ封建制の真っ只中にあった国が、わずか五〇年で大国ロシアを敗るなんて！

ぼそっと　いつか日本に来てみたい？

ギード　行きたい、行きたい。でも、日本が好きな他のフランス人と違って、ぼくの場合、東京はあんまり行きたい街じゃないんだ。むしろぼくは日本の田舎に惹かれている。もう長い間、ぼくの頭から離れない一つの村があるんだ。それは白川郷。あそこは美しい。とくに雪の降っているあの情景は！　草津のような温泉に行くこともぼくの夢。それからお気に入りの地方は北海道。あの大自然がたまらない。札幌は美しい街だと思う。

ぼそっと　アニメは何が好き？

ギード　『めぞん一刻』、『Serial experiments lain』、『MONSTER』、『〈物語〉シリーズ』、『カウボーイビバップ』、『サムライチャンプルー』、『コードギアス』、『N・H・Kにようこそ！』、『魔法少女まどか☆マギカ』、『新世紀エヴァンゲリオン』、『寄生獣 セイの格率』、『STEINS;GATE』とかいろいろ。ぼくは日本文学も好きだ。とくに村上龍と三島由紀夫。……太宰治も入るかな。『人間失格』は大好き。

ぼそっと　オンラインゲームはよくやる？

ギード　やるよ。でも、アニメを観るのに比べたらずっと少ない。ぼくはサッカーを観るのが好きだから、PS4で『FIFAシリーズ』をプレイする。ときどきFPS[04]のゲームもやる。ぼくは一人でプレイするものが好きだ。J-RPG[05]も好き。『DARK SOULS』のシリーズはみんな好き。『魔界戦記ディスガイア』のシリーズも。あとは『ファイナルファンタジー』、『ドラゴンクエスト』、『MOTHER』……。

ぼそっと 何時に寝て、何時に起きているの？

ギード 難しい質問だな。ぼくには一日のリズムというものがない。昼の一時に寝て夜の一〇時に起きたかと思ったら、次の日は夜中の三時に寝て昼間の一一時に起きるといったような毎日さ。非常に不規則。まあ、だいたい、昼起きて夜寝るよりも、夜起きて昼寝るほうが多いかな。

ぼそっと きみがひきこもりであることに、ご両親はどのように言ってる？

ギード ぼくはママと住んでいる。ぼくの親は離婚しているんだ。父を最後に見たのが、ぼくが三歳の時。父は暴力的で危険な人だった。いなくなってせいせいしているよ。

---

04 **FPS (First Person Shooting)** 主観視点で戦うゲームのジャンルで、主に戦場が舞台の射撃ゲーム。

05 **J-RPG (Japan-made Role Playing Game)** ロール・プレイを内容とする日本製のゲームのこと。西洋で製作されているW-RPGと対比されるためによく用いられる用語。

ぼそっと　お母さんはどんな人？

ギード　ぼくのママはとても理解のある人だよ。ママのおかげでぼくは今のような読書家になった。小さいころからママが読み聞かせをしてくれたからね。その結果、ぼくは他の子よりも早く読み書きができるようになった。フランスではふつうは六歳だけど、ぼくは五歳でできたんだ。ママはぼくがひきこもりだという事実も受け容れてくれている。

ぼそっと　それはとても興味深い。なぜって、日本ではひきこもりと親の関係はたいてい険悪なんだよ。お母さんについてもっと話してくれる？

ギード　ママはときどき、ぼくがもっと活動的になってくれたら、という希望をもらす。それから、ぼくが人生をともに花開かせるような彼女を作ってくれれば、とも願っている。ママは早く「おばあちゃん」になりたいんだ。でもママには悪いけど、ぼくは子どもを作りたいとは思っていない。

ぼそっと　それはよくわかるなあ。私は母との関係は最悪だけど、君と同じひきこもりだし、子どもを持たない人生を選んだ。その二つのことは、私の中の深いところでつながっている気がするんだ。

ギード　ともかく、ぼくのママはとても優しい。若いころ、彼女にも何か問題があったらしい。

だからそうなのかもね。

ひきこもりの親子関係

ぼそっと きみはお母さんとの関係が良好だから、快適にひきこもっていられるのかもしれない。日本では、そういうケースは少ない気がする。極端な例になるけど、二〇一八年一月、名古屋に住む五〇歳の父親が、二五歳になるひきこもりの息子を絞殺した。[06] 父親は警察の取り調べに対し、こう語った。「息子の将来が心配だったものですから」

ギード その父親は馬鹿か。将来が心配だと言いながら殺してしまったら、いったいどんな将来がその子に残るというんだ。そして、その父親自身の将来はどうなのか。刑務所に入るというのが彼の望んだ将来なのか。でもぼくは大方、想像がつくよ。彼は息子に関する恥の意識のためにその愚かな行動を起こしたのだろう。いずれにせよ、殺人犯となるよりはひきこもりの子どもを持つ親でいたほうがいいように思えるけどね。

ぼそっと その通り。「日本ではこれがふつうだ」などと言うつもりはないよ。すべての日本の親

---

06 **父親がひきこもりの息子を殺害した事件** このインタビューのあとの二〇一九年六月、農水省の元事務次官の父親がひきこもりの息子を殺害した「練馬事件」も起きた。

がひきこもりの子どもを殺すわけじゃない。でもこの悲しい事件は、日本社会におけるひきこもりと親の関係について、ある典型的な側面を語っているように思う。フランスでは、ひきこもりと親の関係はどんな感じ？

ギード　難しい質問だね。フランスではまだ、ひきこもりだと認められたケース自体が多くないからね。

このことには簡単な背景が一つある。フランスの社会、いや広く一般に、西洋の社会は個人主義だから、ぼくたちは近所の人や周囲の他人のことをそれほど気にかけないんだ。

もちろんフランス人だって、人間として恥の概念は持ち合わせている。昔から人間は、他の人間と交流しながら住むものだった。交流することにより、人間は〝文明的な〟意識を培ってきたのだろう。だから、孤立して生きることは人間の本来の姿に反するわけだ。一般に、人は他人と付き合いがあることよりも、それがないことで苦しんできた。

日本社会は、集団に属することの必要性を拡大したのだと思う。日本人が何か発言するときには「私たちは」が大事であって、ぼくらフランス人は「私は」が大事なのさ。だからフランス人は日本人より他人の噂をしないと思う。日本人の他人の噂は、周囲との一体感の裏返しなのだろう。「みんなそれぞれ勝手にする」を旨とするフランスでは、周囲との一体感も薄いから、他人の噂も少なくなるわけさ。

フランスにも、ひきこもりの子どもを家から追い出す親とか、感情的に脅迫する親はいる。かと思えば、ぼくの親のように理解にあふれ、子どものやることなら何でも許すタイプもいるってわけさ。また、親の中には、自分の仕事や社会生活に没頭していて子どものことなんか顧みないタイプもいる。そういう親は子どもにいくらかの小遣いを与え、あとは子どもを家の隅にほったらかしにしている。

フランスのひきこもりには、あまり恥の感覚を見いだすことができない。フランスでは個性が大事だから、社会が用意した型に合っていないことは恥にならないんだ。でも、子どもの人生が花開いてくれることを願うあまり、彼らに対して大きな圧力をかける親もいる。また、親が決めた道だけを歩ませるために、子どもにいろいろなことを強いる親もいる。だからフランスでも、ひきこもりの子どもの苦しみは多岐にわたっている。

日本の親は、子どもが近所とか親類といった周囲の人間にどう映るか、つまり世間体が気になる。でもフランスの親は、子ども自身の将来が大事で、多くの場合、世間体は二の次なんだ。フランスでは、子どもがひきこもった場合に社会的な恥を気にするのは、かなり裕福な、いわゆる名家だけなんじゃないかな。

フランスのひきこもり支援

ぼそっと ところできみは、経済的にはどういうふうに暮らしているの？

ギード いまはママの収入で暮らしている。でも将来的には生活保護を受けるつもりだ。フランスでは二五歳からRSA[07]という社会保障が受けられる。それは働く能力があろうとなかろうともらえるものなんだけど、働く意思があるということを示さなくちゃいけない。でも、働く意思があるふりをするのは簡単さ。フランスではたくさんの人がそうやってこの年金を受けて暮らしている。ぼくもそうしたいと思う。受け取れる金額はわずか月五一〇ユーロ[08]。でも、最低限生き延びるには十分だと思うし、住宅扶助や公共交通パスなどがつくのは大きい。また、貧困層のために食糧を提供している場所へ行く権利も与えられる。ぼくは、生活にお

ギードの食事

いてはミニマリストで、パソコンとベッドがあれば十分だ。巨万の富は要らない。

ぼそっと どうしてひきこもりになったの？

ギード まあ、要するに、学校と地域社会だね。ぼくはとても内向的な少年だったんだ。他の人と一緒にいると、くつろぐまでに時間がすごくかかってしまう。リアルな世界というのは、ぼくからするとあまりにも表面的で、偽善的で、くだらないものに見える。周りの人々を見ていると、みんな馬鹿に思えてしまう。人々が話していることを聞くと、どれもこれも些細なことばかりでつまらない。彼らみたいな人生には意味がないと思う。だからぼくは他人とは深く関わらない。彼らはぼくのことを「変な奴」とか「社会習慣を知らない」とか言うけれど、それはぼくが彼らのうわっつらだけの会話に参加しないからなんだ。そういうぼくを彼らは言葉でいじめた。

ぼそっと そうか。日本にもそういうひきこもりはたくさんいるなあ。

ギード 二〇一二年の初め、一七歳のとき、ぼくは不登校になった。そのとき以来、ぼくはひ

---

07 **RSA (Revenu de Solidarité Active)** フランスの社会保障制度の一つ。直訳すると「連帯労働年金」。それ以前の社会保障制度では利用者が社会復帰しにくいといった理由から、二〇〇九年に新しく導入された。受益人口は二五〇万人（二〇一六年）。主旨としては失業者のための年金だが、ギードのとらえ方によれば日本の生活保護に相当する（日本の生活保護受給者が働く意思があるふりをしているという意味ではない）。

08 **受け取れる金額は月五一〇ユーロ** 五一〇ユーロは当時のレートで六万七三二〇円。

きこもりとして生きている。ここ三年はもう、家の外へ出ることもない。ひきこもりが始まった直後は、まだ会う友達がいたけどね。それからぼくは就労支援[09]も受けた。二〇一五年に二カ月半ほどね。でも役には立たなかったよ。

ぼそっと どういうところが就労支援をやっているの?

ギード 支援はいくつかの機関によって行なわれている。二五歳以上に対してはポール・アンプロワ[10]がやっている。そこはもともと失業者を支援する公的機関なんだ。一方、一六歳から二五歳まではミシオン・ロカル[11]の管轄だ。不登校の子どもやニートの若者を民間の会社へ試験的に派遣して、それをきっかけに社会へ再び統合することを目指している。

ぼそっと 就労支援の中身って、どんな感じ?

ギード 若い人たちを社会へ「再統合」するための二カ月半、ということになっている。一六歳以上の失業者なら誰でも受けられるんだ。ぼくの場合は、サン・フロレという自分の生まれた町でそれを受けた。ママは毎朝、一三キロの道のりを運転して、ぼくをそこへ連れていってくれた。試用期間でも働いた分の給料は支払われる。ぼくは月に四五〇ユーロもらっていた。それでぼくはパソコンを買ったんだ。ぼくが入ったグループでは一九歳が最年少だった。最年長は五六歳。

ぼそっと 最年長の人は今の私ぐらいの年齢だったわけだな。

ギード 支援プログラムの中では、まずゴールが設定される。計画を立てて、それぞれの人生を追求できるような道を見つけること、というのがゴールだ。初めは履歴書と送付状の書き方から教わった。それからいろいろな関係者がぼくたちを訪ねてきて、彼らの仕事についてのプレゼンをした。ときには彼らの仕事場の様子を見るために、ぼくたちは近くの町まで連れていってもらえた。

ぼそっと ふむふむ。ちょっとした小旅行だな。

ギード これらはみんな、ぼくたちが人生で何をしたいのかを考えるための材料になるのさ。訓練期間の終盤にぼくたちはそれぞれ仕事場を選んで、そこでインターンをこなさなければならない。ぼくは本屋さんでのインターンを選んだ。

ぼそっと 本屋さんか。きみらしいな。

ギード その後、指導者がそれぞれの受講者を評価して、ぼくたちが支援プログラムで何をど

---

09 **就労支援** 原語では"formation"で、「支援」というより「訓練」に近い。フランス語には、英語のサポート(support)に相当する"soutien"という語もあるが、フランスのひきこもり当事者たちからはあまり聞かない。

10 **ポール・アンプロワ (Pôle Emploi)** 日本の「ハローワーク」に相当する。職業安定所。

11 **ミシオン・ロカル (Mission Locale)** 正式名称は"Missions Locales pour l'Insertion Professionnelle et Sociale des Jeunes"(青少年の職業的かつ社会的統合のための地方事業団)。

のくらい達成したかを査定するんだ。指導者は、ぼくたちの選んだ道を良いと思えば、そのまま進むのを助けてくれる。そうでなければ、ぼくたちが訓練期間を延長するか、もしくは訓練を受けるのをやめるかを提案してくることになる。

ぼそっと　それで、きみの場合はどうしたの。

ギード　ぼくは、「文学がやりたい」って指導者に言ったんだ。理解のある指導者で「そうか、おおいにやれ」って言われた。

ぼそっと　よかったじゃないか。

ギード　でもね、本当は早く給料をもらって訓練期間を終えたかったから、そう言ってみたにすぎないんだ。

ぼそっと　あははは……。

ギード　パソコンを買うお金さえもらえればもう十分だと思った。ぼくはその二カ月半の訓練でグッタリ疲れ切って、それが終わってからはまたガッツリとひきこもったよ。

ぼそっと　その支援事業というのは、財政的にどういうふうに賄われているのかな。訓練を受けたとき給料として四五〇ユーロ支払われたと、さっききみは教えてくれたね。財源はどうなっているんだろう。支援に申し込むときにいくらかお金を払ったの？

ギード　払わないよ。申し込みは完全に無料だ。だって政府の事業だもん。支援を行なっているポール・アンプロワやミシオン・ロカルは国家機関の端くれだし、必要経費は税金によって賄われる。こういう公共事業は、失業者とか不登校とかニートとか、お金を稼げない人たちを対象としているんだから、有料にしたら誰も来なくなっちゃうよ。

いじめられて対人恐怖に

ぼそっと さっききみは、ひきこもった理由が学校と地域社会にあったと教えてくれた。もちろん、それは本当だろうし疑うわけじゃないが、もう少し層を深めて考えてみてくれないか。人がひきこもりになるとき、理由は一つじゃない。いろいろな理由がいろいろな層で同時進行した結果、ひきこもりになるものだと思うんだよ。きみの場合も、もっと他に理由はなかったかい？

ギード たしかに、いろいろな理由があったな。まず、ぼくが今ひきこもりであるのは、外の世界とぼくとの間に生来の違いがあるからなんだ。子どものころからぼくは他人に自分を合わせようとしてがんばりすぎた。その反動でひきこもっているという側面がある。

ぼそっと 人生に疲れて反動でひきこもる、っていうのはよくあるね。

ギード それから、ぼくには肉体的な問題もいくつかある。失行症（ディスプラクシア）と呼ばれる運動障害があったんだ。たとえば、ぼくは靴ひもを結ぶことを習得するのに、じつに長く時間がかかった。この障害はめずらしく、全人口の二%から四%らしいよ。

それから、ぼくは歩き方がおかしいらしい。わざとやっているわけではないんだけど、友達はみんなぼくを「変な奴だ」とからかった。ぼくは歩き方のせいで、さんざんいじめられたんだ。

いじめられ体験はぼくを対人恐怖にした。一一歳の時にはすでに、ぼくは他人に会うのが怖くて外へ出なくなっていた。外にいると、常に他の人がぼくのことを見ている気がして落ち着かないんだ。他人の目にはぼくの姿が「変な奴」に映っている、と思っているものだから、他人に見られているという不快感はどんどん大きくなっていった。それでとうとうぼくは外へ出られなくなったのさ。

ぼそっと そういうサイクルにはまるときついよね。

ギード そうなんだよ。そしてもう一つの遠因は、ぼくが幼少期にしょっちゅう引越しをしたことだ。暴力をふるう父から逃げるために、母は幼いぼくを連れて住む家を何度も変えなくてはならなかった。だからＣＥ１になるまで友達の顔ぶれが定まらなかったんだ。こうしてぼくは人生の初めから、周囲に溶け込む能力を身につける機会を得られず、精神的に根無し草になってしまった。

ぼそっと　ふむふむ。CE1というと、日本だと小学二年生だな。

ギード　だからぼくは、他の子たちにぼくという存在を受け容れてもらうために、不自然な努力をしなくてはならなかった。彼らを笑わせるピエロになったのさ。ぼくが学級でちょっと間の抜けた乱暴者を演じると、みんな笑ってくれた。受け容れられた。人気者になった。それでなんとか一六歳までやっていた。ところが、また引越しをしなければならなくなった。また新しい学校に慣れることが必要になったんだ。新しい学級のぼく以外の生徒たちは、もちろん、小さいころからお互いよく知っている。そんな中へ、まったく見知らぬ者としてただ一人、入っていかなくてはならなかった。

ぼそっと　一六歳というと、日本では高校一年生か。

ギード　だけど、ぼくはもう、自分を受け容れてもらうためにピエロになるのは嫌だった。だってしんどかったし、それで一時的な友達を得たとしても、自分を傷つけていることのほうが大きかったんだ。あんなことはもうゴメンだと思った。

ぼそっと　わかるなあ……。

ギード　ぼくはこの新しい環境で、「自分をゆずってまで彼らに適応するなんて、誰がしてやるもんか」と固く心に誓った。その一方で、ぼくは周りの連中を、「なんてつまらない奴らだ」と思った。ぼくが決して彼らに話しかけないものだから、彼らはぼくを内気な人間だと……ときには精神発達遅滞の子だと見なした。ぼくのように早熟な者を精神発達遅滞だと勘違いするような奴らと、いったいどうしたら友達になれるだろうか。無理でしょ、そんなの。ぼくはしみじみと悟ったんだ。ぼくは外の世界とは何かが根本的に違う、って。

ぼそっと　うーむ、なるほど。

ギード　まあ、彼らとは、ビデオゲームとかサッカーとか、いくつか共通の話題もあったけど、ぼくが並々ならない情熱を持っている哲学や形而上学、文学、芸術、歴史となるとまるで話が通じない連中だった。そんな彼らの会話を、ぼくは平坦に感じたわけだ。たぶん、ぼくが早熟すぎたために自分と同じ年齢の人間と話をすることができなかった、ということだろう。だからぼくはいつも、年上の人たちと話すのが好きなんだ。

ぼそっと　それで私との会話にも熱中してくれるのかな。いいじゃない。吐き出して。どんどん吐き出して。

ギード　こういう性格を持っているぼくのことを、彼らはからかう。彼らは決して物理的に攻撃してくることはないけど、精神的に攻撃してくる。ぼくの肉体的な欠陥や内気なところをからかう。ところがどっこい、ぼくは彼らに好き放題言わせておくだけの寛容さを持っている。彼らが吐くレベルの言葉なんかで、ぼくが簡単に傷ついたりするわけないさ。彼らは自らが吐いた言葉によって、自身の愚かさをさらし、軽蔑を買っているだけなんだ！

ぼそっと　いいね、いいね。その調子。

ギード　そういう奴らの真っ只中でぼくが独りぼっちであると感じることは、逆説的に聞こえるかもしれない。だけど、ぼくは独りだった。でも、独りでいるほうが安らぐんだ。こうしてぼくは学校へ行かなくなった。

親のフリをして連絡帳にサイン

ぼそっと　そういうのを日本ではfutoko（不登校）というんだよ。学校へ行かなくなって、お母さんはなんて言った？

ギード　ママには、相変わらずちゃんと学校へ行っているかのように嘘をついていたんだ。毎朝家を出て、学校じゃなくて図書館へ行っていた。そこでぼくは何時間でも飽きずに本を読んでいた。だけどある日、学校から連絡がきたんだ。

ぼそっと　うおっ！　なんかヤバイ予感……。

ギード　ぼくたちの学校には連絡帳というものがあったんだ。学校から親へ何かお知らせがあれば、教師がそれを連絡帳に書き、生徒は親から「読んだ」という印にサインをもらってこなくてはならない。もし生徒が学校で悪いことをしたら、先生がその悪行を連絡帳に書き、親に知らせる仕組みになっている。こうして生徒に関する情報を、学校と親とで共有するんだ。

ぼそっと 日本の学校にもあるよ。

ギード ママには学校へ行ったことにしていたから、先生がぼくの欠席のことを書いた連絡帳のページには、ママのサインはもらえない。そこでぼくがママの筆跡をまねて、代わりにサインしてあげた。だけど、どうやらこれがうまく書けなかったようで、学校へ行っていなかったことがいつのまにかバレてしまったんだ。学校はぼくの退学を決めた。
それ以来、ぼくはひきこもりになったのさ。

ぼそっと なるほど。それから六年が経ち、今きみはひきこもりとして何を考えている？

ギード 今ぼくの心は恐れでいっぱいだ。だから外へ出ていけない。人に見られる恐れ。彼らにジャッジされる恐れ。批判される恐れ。そして、失敗する恐れ……。社会的な圧力も、またひきこもりの一つの原因だよ。いずれにせよ、ぼくの部屋の外側の世界は、断じてぼくに向いている人生の舞台ではない。

ぼそっと もしきみが二五歳になってＲＳＡという生活保護を受けられたら、きみは一生、ひきこもりとして生きていくのに、何の支障もなくなるのではないか。そうしたらもう、将来に対して何の不安もないのではないかな。いま、ひきこもりであることできみの問題って何？　孤独？

ギード　違う！　絶対違うよ。反対だ。ぼくは孤独が好きなんだ。ぼくは独りでいたいんだ。ぼくはひきこもりでいることが大好き。毎日、ぼくの部屋の中にいて決して飽きることがない。すべてのひきこもりがこんなふうなのかはわからないけど、ぼくは自分がひきこもりであるから困っている、ということは何もない。むしろひきこもりであるおかげで、自分の豊かな時間を開拓し、時間の制約なくいつでも好きなことができる。それによって、社会的な圧力や不快な世間の生活から逃れられるし、生きている実感を得られるのさ。

ぼそっと　もし、外から手が差し伸べられて、きみに支援を申し出てきたらどうする？　きみは社会から何かほしいものがある？　たとえば、ぜいたくな生活とか、理解とか、共感とか。

ギード　ぼくは社会に何も期待しない。ただ、静かに独りにしておいてほしいんだ。ぼくは外の世界のお節介に煩わされず、自分の内的世界の平和にとどまっていたい。未来に待っているものも何もない。彼女を作ることにももう興味がない。もし彼女ができるとしたら、それは一度目の恋がそうであったように、偶然にできるものだと思う。子どもを持つことにもまったく関心がない。ぜいたくな暮らしも要らない。パソコン、ベッド、安らぎ。それらがあれば、ぼくはもう十分だ。

唯一の問題といったら、たぶん旅行できないことかな。ひきこもりであれば、日本へ行くお金が貯まるほどの収入は得られない。でもそれはたいした問題じゃない。ぼくは小さな生活で幸せだ。欲を言えば、本を書いてみたいかな。好きなことをして、そこからわずかばかりの収入が得られるなんて、なんて素晴らしい生活だろうと思う。

ひきこもりになることを自ら選択したのか

ぼそっと　きみのひきこもり生活はとても豊かで充実しているように聞こえる。しかしそれを語ると、こう考える人もいるかもしれない。

「それはギードが信念を持ってひきこもりになったからだ」

とくに、自分がひきこもりであることが嫌で嫌で仕方ないひきこもりからはそう思われるかもしれないね。

しかし、きみにとってそれは誤解なのではないか、と私は思う。「信念を持ってひきこもりになった」と言うと、「自らの意志によってひきこもりになろうとして、それを達成した結果として今、ひきこもりである」、あるいは「自分をひきこもりへと自己形成していった」という意味になるからだ。

ギード その通りさ。「信念を持ってひきこもりになった」と言うと、なんだかまるでぼくが初めからひきこもりになろうとしていたみたいに聞こえてしまう。そうじゃない。

ぼそっと うん、そうじゃないよね。たしかにきみは今、ひきこもりでいることが大好きだと言っている。しかし、そんなきみでも、ひきこもりになりたくてなったわけではない。きみはひきこもりになんかなりたくなかった。きみはひきこもりになろうとしたわけではない。それどころか、きみは「ふつうの人」の社会に適応しようとあがいた。

ギード そうだよ。だからぼくは一六歳まで自分を殺してピエロを演じていたんだ。

ぼそっと それは精神的に血みどろになった茨の道だったのではないか。「信念を持ってひきこもりになった」と言ってしまうと、茨の道で受けた傷が報われない。けれど、血みどろになっても、それはうまくいかなかった。なぜ「ふつうの人」の中へ入っていこうとするこうした試みがいつも良い結果を残さないのかを、きみはよくよく考えたはずだ。きみ自身の特徴と、「ふつうの人」が織りなす社会の特徴を比較し、分析してみたにちがいない。

ギード　そうだよ。あなたの解釈はまったく正しい。初めはぼくだって自分を「ふつうの人」の社会の一部にしたかった。まともな社会生活を送り、実生活でかわいい彼女も作って、社会の中に自分の居場所を得たかった。子どものころは、政治家か科学者になって活躍したいと考えていたものさ。自分の知性を何か社会的なことに役立つように使いたかった。でも外の世界は、不幸にも、ぼくが夢見ていたようなところではなかったんだ。それでぼくは、ひきこもりとして生きるほうがぼくにとって価値ある人生であると結論づけざるを得なかったのさ。

ぼそっと　私も同じだよ。私たちは、初めにおいては不本意にひきこもらされたと言ってよい。ひきこもりになるしか、その先の一日一日を生きていく手立てがなかったのだ。しかしその後、そのようにしてひきこもりとなった自分を努めて客観的に眺め、受け容れ、さらには「これが私の人生なのだ」と能動的に選び直して、現在に至っている。このようにして私たちが精神の苦闘の末に獲得した覚悟を、ある人々は、私たちがひきこもりになる前から持っていた「信念」だと勘違いするのではないかと思う。

ギード　まったくその通りだよ。ぼくは自分が弱いからひきこもったとは考えていない。ぼくがひきこもったのは、社会がそこまで苦労して適応するに値しない世界であり、そこで生きる「ふつうの人」がそこまで忍耐して付き合うに値しない者たちである、ということがわかったからなのさ。そして、自分がひきこもりであることに悩まず、それを肯定的に受容するところに、ぼくの強さがあるんだよ。

フランスのひきこもり テルリエンヌの場合

ひきこもりになんて、なりたくなかった。

二〇一八年一月、「テルリアス」という、どこか古代ローマ帝国の男性を思わせる名前のひきこもりからコンタクトをもらった。私のことは「ひきこもりフランス[01]」を通じて知ったという。テルリアスから届いたメッセージには、私がその少し前に公開し始めたギードとのインタビュー（本書二六頁）に対するコメントが添えられていた。

「ギードはひきこもりであることを強く肯定していますが、私は違います。ひきこもりでいたくありません」

それもまた、よくわかる。「詳しくお話を聞かせてください」と返事をして、メールのやりとりが始まった。

そのうちに、テルリアスが女性だとわかった。当事者名を男性にしている女性のひきこもりは多いものだ。フランス語圏では「……ンヌ」で終わる女性の名前が多いためか、その後、彼女の名前は「テルリエンヌ」に変わっていった。私は翻訳上の一人称「ぼく」を「私」に変えた。

ブルゴーニュの小さな村で

テルリエンヌ　私はひきこもりになんてなりたくありませんでした。なりたくてひきこもりになったんじゃないんです。今、私は三八歳です。だから、これから結婚をして、新しい家族を築いて、専門分野の勉強も復活させて、新しい仕事を得て、新しい家を買って……ということを望むには、もう遅すぎるのかもしれません。でも、頭の中でたくさんの夢が渦巻いているんです。

ぼそっと　ぜんぜん遅くないんじゃない？　私は今五五歳だけど、三八歳なんて、とても若い

01 **ひきこもりフランス（Hikikomori France）**　本書の「はじめに」（一九頁）で述べた「ひきこもりたちのフォーラム」の発展系として二〇一七年にフェイスブック上に創設された団体である。何度か分裂や消滅の危機を経て、現在では当事者向けや家族向けなどいくつかの分科会を持ち隆盛している。筆者はこの団体において、フランス語を母語としないひきこもり当事者としては唯一の理事を務めている。

ですよ。安心してください。四〇歳を過ぎてから、結婚したり仕事についたりした女性のひきこもりを、私はたくさん知っていますから。あなたはどのくらいひきこもっていらっしゃるんですか？

テルリエンヌ　それはもう、かなり長い間。正確には憶えていないけど、たしか二〇〇〇年ごろから断続的にひきこもるようになって、二〇〇三年には勉強もやめて完全にひきこもりました。

ぼそっと　何時に起きて、何時に寝ていますか。それとも、生活時間帯はめちゃくちゃ？

テルリエンヌ　だいたい夜中の二時ぐらいに寝るんだけど、睡眠障害があって、睡眠薬を飲んでいます。起きるのは正午ごろ。それから一日を始めるんです。若いころはもっとめちゃくちゃで、夜に生活して、昼間は寝ていました。これでもだいぶ改善されてき

テルリエンヌが３週間に１回買い物に行くスーパー

たんです。

ぼそっと 私も同じだなあ。今は若いころみたいに夜遅くまで起きていられなくなった。私は東京の郊外に住んでいるんだけど、あなたは？

テルリエンヌ 私はフランスのブルゴーニュ地方に住んでいます。コスヌ・シュール・ロワールにある人口二五〇〇人ぐらいの小さな村です。一九七九年にパリ郊外にある九三地区[02]のオーベルヴィリエで生まれ、そこで育ちました。大学もパリでした。

ぼそっと それで今は田舎にお住まい、というわけですね。日頃は買い物なんかどうしてます？　東京では夜でもコンビニやスーパーが開いているから[03]、私はだいたい四日に一回、主に夜に買い出しに出るんです。いざとなれば、スーパーが部屋まで配達してくれるらしいんですが、私は人が訪ねてくるのが嫌なので、配達やデリバリーの類いはほとんど使いません。

---

02 **九三地区 (le département 93)**　フランスの首都圏イール＝ド＝フランスの中で、パリ市の北東にあるセーヌ＝サン＝ドニ県をさす。郵便番号が「九三」で始まるためそう呼ばれる。ごく個人的な印象で言えば「フランスの埼玉県」。テルリエンヌが育ったオーベルヴィリエは、パリ市の北隣にあり、かつては中小企業がたくさんあった。個人的な印象では「フランスの川口市」。

03 **東京では夜でもコンビニやスーパーが開いている**　二〇一八年インタビュー当時。その後、二〇一九年の働き方改革や二〇二〇年のコロナ禍で、日本でも深夜営業をしない店が増えた。

テルリエンヌ　フランスには夜に開いている店なんかありません。私の家の近くにはスーパーがありますが、配達はしてくれません。だから食料品を買うためにはどうしても昼間に出ていかなくてはなりません。それで三週間に一回、サムサ[04]から一人か二人来るので、彼女たちに付き添ってもらって買い物に行っています。彼女たちは、何を買うかについて一緒に考えてくれたり、買ったものを部屋まで一緒に運んでくれたりします。最近、彼女たちは家政婦を頼むよう提案してくれましたが、私は知らない人に連絡するのは嫌だし、ケア・センターに属さない人材も嫌なのでお断りしました。サムサから来る二人はとても信頼できます。

テルリエンヌがよく食べているもの

運動不足という切実な悩み

ぼそっと　ひきこもっていてネックになるのは運動だと思う。毎日ひきこもっていると、体力は確実になくなっていくし、太っていく感じがする。だから私は自分に鞭を打ってでも、ときどき夜に運動しに行くようにしているんです。あなたにもそういう問題がありますか？

テルリエンヌ　人類が二足歩行を始めてから持ち続けてきた「歩く」という習慣を、私はもう失くしてしまいました。私の健康問題は、座ってばかりの生活様式が原因になっているものが多いです。まず、いつも背中が痛い。明らかに運動不足です。夜でさえ出かけません。以前は部屋の中で運動していましたが、もうやらなくなってしまいました。でもあまり食べないから、体重が増える心配はありません。

ぼそっと　私もしょっちゅう背中が痛いな。これって、一日中パソコンの前に座っているせい

04　サムサ（SAMSAH）　正式名は"Service d'Accompagnement Médico-Social Adultes Handicapés"で、直訳すれば「成年障害者社会医療寄り添いサービス」。二〇〇五年にフランス政府が作った事業体で、国民からの健康保険料などを運営財源としている。テルリエンヌは精神障害者手帳を取得したのでこうしたサービスが受けられる。日本の社会福祉協議会による日常生活自立支援事業に近い。

だろうね。

テルリエンヌ　私も朝から晩までパソコンの前に座っています。私が身体を動かすのは、半月に一回、「馬療法（エキセラピー）」[05]を受けているときです。文字通り、馬に乗ることで精神的な治療をするものですが、医療ケアとして認められていて、通っている精神医療機関の看護師さんと一緒にやっています。とても身体を使う療法で、その日私が馬に乗れるかどうかはさておいて、私はすごく好きです。でも慣れていないので、すぐに疲れてしまいます。

ぼそっと　それは面白いセラピーですね。でも東京では難しいかも。そういうケアができるのは地方の特権なのかもしれません。私が聞く限り、日本では地方のひきこもりの方の状況は厳しいようです。東京のような都市部と比較すると、地方にはいわゆる「居場所」が少ない。だから、他のひきこもり仲間と会う機会も少ない。そして、ひきこ

エキセラピーの馬たち

もりの両親を含めて、周囲の人々のメンタリティーも古くて保守的で理解がないので、ひきこもりはいよいよひきこもらなければならない状況に置かれているというのです。あなたは、リアルで、あるいはネットで、ひきこもりの知り合いがたくさんいますか？

テルリエンヌ

数年前に一度、高校時代の古い知り合いから連絡がありました。そのころ私は「Hikikomori」というブログを書いていたので、彼は私がひきこもっていることを知って連絡をくれたようです。彼自身、「社会的ひきこもり」[06]でした。しばらくの間、彼は私によく電話をかけてきました。でも残念なことに、私は電話で人間関係を維持することができないものですから、何回か彼からの電話に出ませんでした。そうしたら、私たちの関係は自然消滅しました。だから私にとってはあなたが、インターネットを通じて交流らしき交流をしている最初のひきこもりなのです。

05 **馬療法（エキセラピー）** 一九五〇年代にヨーロッパで始まった、馬を使って感覚統合をめざす療法。精神医療、障害者ケア、子どもの教育などのために、ヨーロッパやアメリカで広く行なわれている。乗馬だけでなく、馬の世話をしたり、馬を遠くから眺めたりするなど、馬を使った療法を広く含む。

06 **社会的ひきこもり** ここでは、自宅や自室に物理的にひきこもっているわけではないものの、地域社会での他者とのかかわりを極力絶っている状態のことを指していると思われる。詳しい定義については斎藤環『改訂版 社会的ひきこもり 終わらない思春期』（ＰＨＰ新書、二〇二〇年）を参照のこと。なお、この本の原版は一九九八年に刊行されている。

ぼそっと　おお、それはそれは。大変名誉なことです。

ひきこもりの「お風呂問題」

ぼそっと　あなたも知っていると思いますが、日本ではたいてい一日の終わりにお風呂に入ってほっこりする習慣があります。ここで、私たちひきこもりにとって一つの問題があって、ひきこもりが極まるとお風呂にも入らなくなるんです。何日もお風呂に入っていないと体が臭くなるでしょう。それで余計に外出しづらくなって、さらにひきこもりになります。

この「お風呂問題」は、私たち日本のひきこもり……とくに女性のひきこもりの間では、あまり公に語ることはできないけれど深刻な問題のようです。あなたは何日もシャワーを浴びられなくて、それによってさらに出かけられなくなり、ひきこもりがひどくなるといったことがありますか？

テルリエンヌ　ええ。両親の家に住んでいたころは、何日もシャワーを浴びずに過ごしていました。親たちが出かけるときをじっと待って、居なくなると恐る恐る部屋から出ていき、急いでシャワーを浴びたり、バスタブに浸かったりしていました。

でも一人で暮らすようになってから、この問題はなくなりました。ほとんど毎日シャワーを浴びているし、出かけない日も家でちゃんと服を着ています。以前は、一日中パジャマを着たままでした。一人暮らしをするようになって、この点は進歩したのです。精神医療機関に出かける日も、ちゃんとした身なりで出かけています。

ぼそっと　進歩してよかったね。私もうつがひどいときは、一週間に一回ぐらいしかお風呂に入れません。

テルリエンヌ　日本の夏はとてもジメジメしていると聞いたことがあります。たくさん汗をかくんでしょう?

ぼそっと　かきますね。でも、夏場に三カ月も風呂に入らなくても平気でいられる女性のひきこもりを知っています。彼女は服の一部だけ洗濯して、あとは特殊な香水みたいなものをつけてごまかすという秘密の方法を使っているらしいんです。実際、真夏に彼女と会ったことがあります。三カ月も風呂に入っていないと言うので、恐る恐る近寄ってみましたが、ぜんぜん臭くありませんでした。

テルリエンヌ　きっと彼女は魔法を知っているんだわ。フランスでは、お風呂に入ることはそんなに面倒ではありません。蛇口をひねってバスタブを満たすだけです。でも、水道料金が高いのと、地球環境のために、みんな毎日はお風呂に入りません。

日本のオタク文化に救われた

テルリエンヌ　私、オタクなんです。子どものころ、テレビで日本のアニメをたくさん観て育ちました。一九九〇年、一〇歳のころからマンガを読んでいます。当時はまだフランス語に訳されたマンガがほとんどなくて、オタク友達と出会ったり、日本語のマンガを買ったりしようと思ったら、専門の書店へ行かなくてはなりませんでした。

ぼそっと　そんなに早くから日本語を学び始めたんですね。

テルリエンヌ　書かれている日本語がわからないから、必死に意味を知ろうとしました。初期の任天堂のビデオゲームもよく知っています。今でもマンガやビデオゲームへの情熱は続いていて楽しんでいます。それらに出てくるキャラクターのフィギュア[07]も集めていて、フィグマ[08]とかねんどろいど[09]を日本から個人輸入しているんです。それからア

テルリエンヌのベッド

ニメやビデオゲーム、映画などが元になっているアイドルやバンド、ボーカロイド[10]などの日本の音楽も聴きます。日本のオタク文化は私の子ども時代にたくさんのものをもたらしてくれました。そういうものがまったくないフランス文化の中では、私は自分を見いだすのが難しかっただろうと思います。

ぼそっと　私は日本人だけど、日本のオタク文化はぜんぜん知らないんですよ。母の教育圧力が強かったので、アニメやマンガを観たり読んだりすることを禁じられて育ったのです。結果として、私はそういったことを何も知らない大人になってしまった。

テルリエンヌ　アニメもマンガも知らなかったら、同じ世代の少年たちと共通の話題がなくて、彼らの間に入っていけなかったんじゃないですか？

ぼそっと　その通りですね。それが今、ひきこもりになっていることと深いところでつながっているかもしれない。あなたの子ども時代はどんなふうでしたか？

---

07 **フィギュア**　人物・動物・キャラクターなどをかたどった人形。

08 **フィグマ**　四肢などが動かせるフィギュアの商品シリーズ。

09 **ねんどろいど**　アニメやゲームのキャラクター、あるいは実在の人物をデフォルメした二・五頭身ほどのフィギュアの商品シリーズ。

10 **ボーカロイド**　メロディーと歌詞を入力することによって、あらかじめ登録されている人の声をもとにした歌声を合成することができる技術システム。

テルリエンヌ　私はなぜか子ども時代のことをあまり憶えていないんです。数少ない記憶をたどると、うつ病気質でアルコールに依存していた母に、あちこちの酒場を連れ回されていたことを思い出します。両親は私を愛してくれたのでしょうが、彼らの育て方はとても不器用でした。母は私に、自分のような下級労働者になってほしくないと思ったのでしょう。勉強すること、他の子どもたちよりも良い成績を取ることをさかんに強いてきました。

ぼそっと　ああ、あなたもそうでしたか……。

テルリエンヌ　でも私の母は、あなたのお母さまのように、私がアニメを観ることを禁じたりしませんでした。両親は、日本のマンガの専門店へ出かけ、お土産にマンガを買ってきてくれることもありました。

ぼそっと　小学校では優秀な児童でしたか？

テルリエンヌ　小学校のころも、なぜかよく憶えていないんです。でも、小学校の成績はずっと「ふつう」でした。私が学校のことで問題を起こし始めたのは中学生以降です。私が通わされたのは、とても厳しいカトリックの私立校でした。母は私に求めるものが多く、私の宿題は母がやっていました。

ぼそっと　ああ、それそれ。私の母も、私の宿題をやっていました。私が「手伝って」と頼んだわけでもないのに。母は学級担任の教師に良い印象を与えたかったのでしょう。これではいったい何のための宿題で、何のための学校か、わかりませんよね。私という存在は、母が学校や教師に対して自己顕示するための道具でしかなかったのです。

テルリエンヌ　私は音楽学校にも通わされたの。七年間、ピアノをやらされました。あのころは本当に悪い記憶しかありません。私の問題が表に出てきたのは、まさにそのころです。成績が悪いと責め立てる両親や学校の先生を、私はいつも恐れていました。

怒りを描き続けた思春期

テルリエンヌ　一四歳ごろから、学校でいじめに遭うようになりました。

ぼそっと　つらかったでしょう。私も遭っていたからわかります。私立ということは女子校だったの?

テルリエンヌ　いいえ、共学です。私は四歳から一九歳まで二つ

テルリエンヌの通った高校

の私立校に通わされたのですが、両方とも厳しいカトリック系でした。クラスの女子たちは私を馬鹿にしてからかい、さかんにいじめました。そして、そのうち男子までいじめに加わるようになりました。なぜなら、私はサッカーが好きで、へたな男子よりもサッカーが上手だったからです。こうして一四歳ごろ、私はタバコを吸うようになりました。

ぼそっと　なぜタバコを吸うようになったの?

テルリエンヌ　私をいじめるグループに入れてもらいたかったんです。同じように悪いことをすれば、いじめをやめて、グループに入れてくれるかと思って。

ぼそっと　ああ、悲しい話だ。人はよく、孤立を避けるために共同体の中で居場所を得ようとして、自らを貶める。

テルリエンヌ　高校に入ると、私の成績は壊滅的なまでに下がっていきました。でも両親が「学校だけはやめるな」と言うので、なんとか通い続けました。そのころになると、少し友達ができていました。でも教師たちとの関係は悪いままでした。彼らの中には、私は勉強すればできるようになると信じて「なぜもっと勉強しないのか」と問い詰めてくる教師がいました。

ぼそっと　才能のある子どもは、ある意味、虐待に遭いやすいですよね。大人たちがその子に自己を投影してしまうから。私自身もへたにできる子どもだったから、それゆえに虐待された側面があります。その結果、大人になってからも、慢性的なうつ病者として、社会に出られないひきこもりとなっているのです。もしかして、あなたも「大人」が怖かったのかな？

テルリエンヌ そう、私は「大人」が怖かったのよ。とくに高校で私を批判し傷つける大人たちが。
そして、私には絵画の才能がありました。美術の時間は熱心に取り組みました。

ぼそっと そのころ、どんな絵を描いていましたか。

テルリエンヌ ひたすら病的で暴力的な絵を描いていたわ。

ぼそっと ということは、そのころ何か暴力を受けていたの？　たとえば、男性からの暴力とか。

テルリエンヌ いや、私は単に怒っていたんだと思う。でも男性からの暴力といえば、父親です。私が思春期になってからというもの、父は

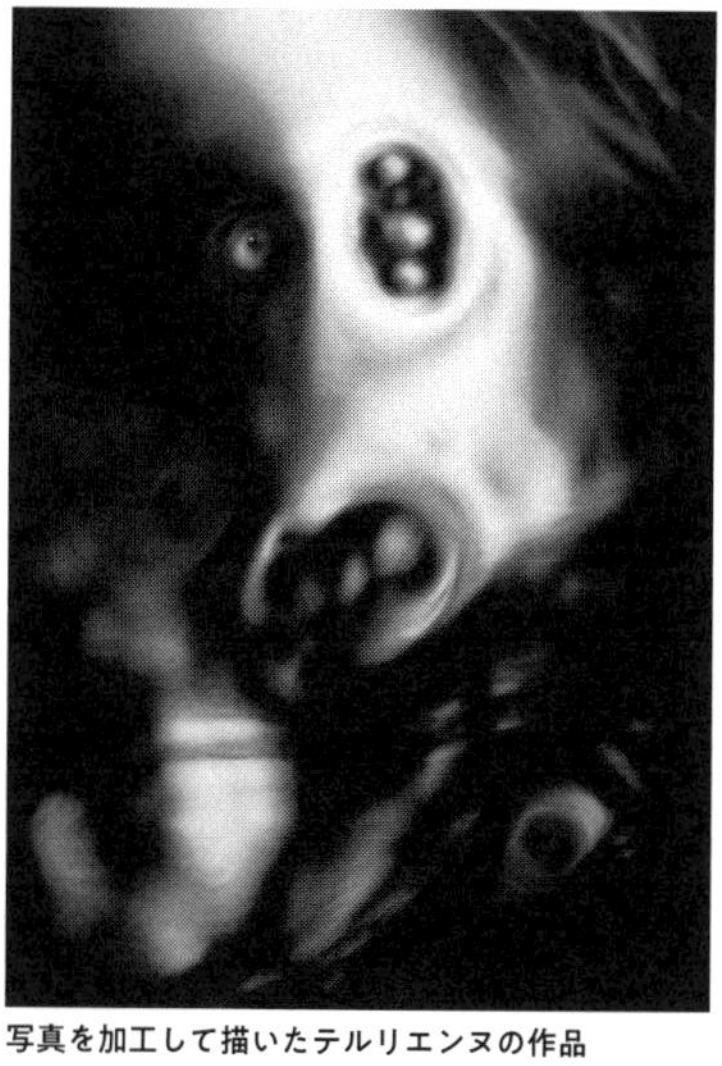

写真を加工して描いたテルリエンヌの作品

しょっちゅう私を怒鳴りつけていました。実家を出て一人暮らしを始める二九歳までずっと、そういう父親の暴力にさらされてきました。でも同世代で言えば、私に暴力を加えてきたのは、男性よりも同性である女性でした。私は活発でボーイッシュでした。マンガやビデオゲームも、男の子が好むようなものばかりが好きでした。それで女子にいじめられたのです。私は今でも他の女性とうまく付き合うことができません。この特性のために、私の人生は難しくなっていると言ってよいでしょう。

教授は怖い「大人」

ぼそっと そのあと、あなたは大学へ進んだ、と。

テルリエンヌ そう。でも、高校のときに勉強しなかったものだから、当然知っているべきことを知らないことが多くて、大学生活がどんどん難しくなったの。二〇歳のとき、私は外の世界と関わり続けることができなくなって、ひきこもりを始めました。そのときはまだ出たり入ったりしていましたが、やがて二〇〇三年、二四歳になるころには完全なひきこもりになりました。

ぼそっと 大学での専攻は何だった？

テルリエンヌ　映画と視覚聴覚芸術です。一生懸命に勉強して、必要な資格を取るのに丸四年かかりました。でも資格を役立てることもなく、卒業と同時にその分野から離れてしまったんです。

ぼそっと　そんなに時間と労力をつぎこんで得たものを、なぜすぐに捨てちゃったのかな？

テルリエンヌ　だってその分野を続けようと思ったら、修士課程に進むために、ある教授ともう一年やっていかなくてはならなかったんです。その教授は私からすると怖い「大人」でした。

私はその教授と距離を置くために一年留年しました。でも、留年している間にどんどんうつになって、もう「外」の世界とは接触できなくなったのです。私は外に出なくなり、両親の家に一年中こもるようになりました。でも、ここが大事なんだけど、私は何もひきこもりになることを選んだわけじゃないの。私は、なりたくないものになった、ということよ。

ぼそっと　そうだよね。そこが大事だよね。大学では友達はいたの？

テルリエンヌ　大学ではもっぱら男の子たちに交じっていました。一番親しかったクラスメイトは同性愛者の男の子。だから口説かれるとか、恋愛の悩みとか、そういう問題は起こりませんでした。

ぼそっと　両親の家でひきこもるようになってからも、その友人との関係は続いたの？

テルリエンヌ　いいえ。もう大学へ行けなくなったとき、私は彼との関係を切ることにしました。でも何カ月か経ったときに、彼が電話をくれて、それからときどき話すようになりました。彼は私のうつ状態を理解していました。でも、最終的には私にうんざりしたと思う。最後に彼はこう言ったのです。「人は、自分と同じような人を助けることはできない（On ne peut pas sauver les gens d'eux-même）」。この言葉は私の心に深く刻まれています。

ぼそっと　さまざまな問題を提起している言葉だね。ひきこもりになったとき、部屋の外に広がる世界はどう見えていた？

テルリエンヌ　それは難しい質問ね。前にも言ったように、私はひきこもりになることを選んだわけではありません。だから、そんな私にとって外の世界は、反発と憧れの両方の対象でした。外の世界は「大人」たちによって動いている。そのことが私は怖かった。他人という存在を危険と見なして、接触を避けました。でも一方では、自分も「ふつうの人」の暮らしができたらいいのに、とも思っているのです。だって、「ふつうの人」の暮らしの中には良いものがたくさんあるから。

私は人々と接触するために、試しに恐る恐る外に出てみたことも何度かあります。

でも「ふつうの人」たちは、私の目にはただ攻撃的で馬鹿な存在として映るだけでした。彼らと一緒にいるだけで、私は疲れ果てました。だから再び内の世界へ帰ってきたのです。

職業訓練と精神分析

テルリエンヌ　二五歳のとき、職業訓練を受けました。芸術作品を修復する仕事です。それと同時に精神分析も受けました。私が社会復帰して仕事を見つけるためにはどちらも必要だと思ったのです。職業訓練は六カ月続いて、私はちゃんと全部やり通しました。でも就労には結びつきませんでした。職業訓練が終わると、私はすぐひきこもりに戻ったのです。

ぼそっと　芸術作品を修復する仕事は、あなたにとって面白くなかったの？　人と会わずにできそうな仕事なのに。

テルリエンヌ　面白くありませんでした。その訓練をやり通すのに、かなりの忍耐力が必要でした。訓練で教えられたことはもう何も憶えていません。作業場の人間関係がとても面倒で、仕事が終わったあとの集まりに誘われてもいつも断っていました。

ぼそっと　精神分析のほうはどうだったのですか？

テルリエンヌ　こちらも良い方向には進みませんでした。だから四カ月でやめてしまいました。精神分析は私に何も解決を与えてくれなかった。それが終わると、私はさっさとひきこもりに戻っていきました。

でも、私はひきこもり状態から脱したかったので、あらゆることにチャレンジしました。「外へ出る」という動機を高めるために、二〇〇六年、二六歳のときに写真を始めたのです。写真は大学での専攻から遠い分野ではなかったので、ある意味、私に合っていました。自然から抽象まで、何千枚も写真を撮りました。写真を撮るためなら、少し部屋から出られるようになりました。でも、三、四年経って、写真もやめてしまいました。ふたたび外へ出るのが怖くなってきたからです。

ぼそっと　あなたの写真を私は何枚か見せていただいたけど、どれも素晴らしい作品だよね。

テルリエンヌの作品「猫」

入隊試験と外傷再演

ぼそっと　それで、二六歳以降はどうなったの？

テルリエンヌ　二七歳のとき、私は軍隊へ入りました。[11] 陸軍です。

ぼそっと　えっ？　ぐ、軍隊？

テルリエンヌ　そうです。三日間にわたって入隊試験を受けました。

ぼそっと　あの、軍隊ってさ、あなたみたいな人が入っていくところとは正反対のイメージがあるんですけど。

テルリエンヌ　ええ、私が行くべき場所ではありませんでした。おかげで大きなトラウマを背負うことになってしまった。さらに悪いことに、入隊試験の前日に祖母が亡くなったの。それで私にとっては余計につらい体験となったわ。

ぼそっと　なんでまた、よりによって軍隊なんぞに突然入ろうとしたの？　オタク趣味と何か

11 **フランス軍の入隊制度**　一八世紀のフランス革命以降、フランスは徴兵制を採用してきた。しかし一九九〇年代に軍隊は段階的に縮小され、二〇〇一年には志願制に移行した。テルリエンヌが入隊試験を受けたのは二〇〇七年で、当時の陸軍の兵力人員は約一八万六〇〇〇人だった。ちなみに日本の陸上自衛隊は志願制で約一五万二〇〇〇人。二〇一八年、マクロン大統領は公共奉仕への義務も含めた新しい徴兵制を復活させた。

関係があるの？

テルリエンヌ　いくつか事情がありました。私は両親の家でひきこもっていたわけだけど、両親が仕事をリタイアして、パリ郊外の家を売り払って、ブルゴーニュの田舎に引っ込むと言い出したの。すると、私は住む家がない。でも軍隊へ入れば、兵営に住めるし、仕事を持つことにもなるし、社会的なつながりもできるだろう、と思って志願することにしたの。軍隊生活への憧れみたいなものはこれっぽちもなかったけど、「あなたのように大学を卒業している人は軍隊に入ればかなり優遇されて、社会復帰も好条件でかなうよ」と勧める人がいて……。

ぼそっと　でも、うまくいかなかったわけだね。

テルリエンヌ　そうなのよ。私にはあまりにも厳しすぎる職場でした。入隊試験ではベストを尽くしたつもりだけど、とんでもない結果が出たわ。

ぼそっと　興味深いね。日本でも、ひきこもりから脱するときに、まるでひきこもり生活と正反対にあたるようなシビアな仕事につきたがる人がいるんだ。精神医学ではそうしたケースを「外傷再演」として説明することもある。知らず知らずのうちに過去のトラウマを再び体験する方向に自分で向かってしまうんだね。そんなことがあるものだから、「ひきこもり」というと「怠け者」と考える人もいる中で、私は「ひきこもり」

と「働きすぎ」はコインの裏表のように近しい関係にあると見ている。

テルリエンヌ 軍隊への入隊に失敗した私は、ＡＮＰＥ[12]が指示するままに他の仕事探しを始めたの。そして一つの仕事に就いたけど、眠れなくなり、食事もできなくなったから、自分を落ち着かせるために酒をたくさん飲むようになり、アルコール依存になってしまった。それ以降はもう、仕事を探すことも、社会復帰することもあきらめました。それで、生まれ育ったパリ郊外を離れて、両親と一緒にブルゴーニュへ引っ越して、相変わらず両親の家でひきこもりを続けることにしたんです。こういうわけで、結局私は人生で一度も働いたことがないのよ。

生きていく糧

ぼそっと あなたは今も両親の家でひきこもっているの？

テルリエンヌ いいえ、ブルゴーニュへ引っ越した一年後、父が見つけてくれたアパートに引っ越しました。私は二九歳にしてようやく一人暮らしを始めたというわけ。まあ、一人

12 **ＡＮＰＥ (Agence Nationale Pour l'Emploi)** 国立雇用安定局。その後、組織改編され、現在は公的職業安定組織（Pôle Emploi）として知られる。

暮らしと言っても、両親がしょっちゅう訪ねてきたけど。それから五年後、私はコスヌ・スール・ロワールへ引っ越して、今に至るまでそこに住んでいます。

ぼそっと　一人暮らしはうまくいっていますか？

テルリエンヌ　いいえ、あんまり。二〇一〇年、三〇歳になったときに、また思い立って町の病院の精神科へ行きました。それでひきこもりから抜け出せるかと思ったの。私は抗不安剤などの投薬を受け、何回か入院もしました。治療はなかなか進みませんが、おかげで精神障害者として認められ、障害年金など経済的支援を得ることができました。

ぼそっと　経済的支援といえば、フランスでは二五歳以降、ＲＳＡ[13]という生活保護が受けられるわけだけど、その年齢に達するまで、あなたはどうやって経済的に生き抜いてきましたか？

テルリエンヌ　両親に頼っていました。私が求めれば、両親はお金をくれました。拒んだことはありません。二五歳になってＲＳＡを受け始めて、私は月に三五〇ユーロで生活する[14]ようになりました。ちなみに、フランスで働いている人の平均月収[15]は一二〇〇ユーロです。また、私はビデオゲームなどをインターネットで売ってわずかな収入を得ることもあります。注文された品は、人目につかない夜に外のポストへ投函しに行くのです。

ぼそっと　現在の収入の内訳はどんな感じですか？

テルリエンヌ　三年前から障害者手当が下りるようになったので、RSAはもう受けられなくなりました。だから今の私の毎月の収入はこのようになります（図1）。

今、ひきこもりとして望むこと

テルリエンヌ　私はひきこもりであることに恥を感じています。だから自分の問題を隠して、いかにも自分はすべてうまくいっているかのように装って生

図1　テルリエンヌの月収

107,702(*a) + 28,955(*b) = 133,666円／月
*a: 障害年金（MDPH / Maison Des Personnes Handicapées）
*b: 住宅扶助（APLN / Aide Personnelle au Logement Normalement）
インタビューを実施した2018年4月20日時点の為替レート（1ユーロ=132.82円）で日本円に換算した。ちなみに、東京で生活保護を受けている筆者の2020年10月現在の月収は以下の通り。
77,400(*c) + 50,000(*d) = 127,400円／月
*c: 生活保護のうち「生活扶助」
*d: 生活保護のうち「住宅扶助」
なお、生活保護の受給額は、年齢、世帯形態、居住地などにより異なる。

13 **RSA（Revenu de Solidarité Active）**　直訳すると「連帯労働年金」。本書四一頁参照。

14 **月に三五〇ユーロで生活する**　三五〇ユーロは日本円にして約四万六五〇〇円。

15 **フランス人の平均月収は一二〇〇ユーロ**　一二〇〇ユーロは当時のレートで約一五万九三六〇円であるが、テルリエンヌが何を根拠にこの金額を挙げたのかはわからない。調査方法にもよるが、インターネットで検索する限り、フランス人の平均月収は一五〇〇ユーロから一八〇〇ユーロ程度のようだ。

きてきました。昔、周囲の人たちが助けてくれようとしたとき、私は彼らをはねつけました。何年か経つと、少なかった友達もみんな去っていきました。それから家族も失いました。たとえば、父も昨年亡くなりました。

ぼそっと　お気の毒です。あなたはお父さまとのことでずいぶん苦しんでこられたのですね。私も母の問題でさんざん苦しんできました。お父さまに対してはさぞかしまだ言いたいことがあったでしょう。他のひきこもり当事者やひきこもり問題に取り組んでいる人に何か伝えたいメッセージはありますか？

テルリエンヌ　そうですね。私たちひきこもりには、明るい未来を思い描けない人が多いです。でも人は一生ひきこもりをやっているわけにいきません。それは、自分自身にとってよくないし、家族など周囲の人をも消耗させるからです。だからひきこもり当事者は、ひきこもりから脱する勇気と忍耐力を持っていることを示さなければなりません。でも、何事も少しずつ進めること、ステップを踏み飛ばさないことが大切です。

ぼそっと　そうですか。私はそこは反対で、人は一生ひきこもりをやっていってもいいと思いますが、それは横へ置いておきましょう。ひきこもりの家族へは何か伝えたいことがありますか？

テルリエンヌ　「お子さんのことをあきらめないでください」と伝えたいです。「忍耐と理解を持って接してあげてください。支援を求めることをためらわないでください」と。ひきこもりであることは今も私の深刻な問題です。最終的に居場所[16]を見つけ、社会に適応し、状況を改善していくには、長い時間が必要だと思っています。

ぼそっと　それでは最後に。あなた自身は、今、何を求めていますか？

テルリエンヌ　静けさです。誰にも会わないで、静かにひきこもって一人暮らしを続けられるのなら、何でもやります。ところが一方では、私は「ふつうの人」の暮らしも望んでいるのです。結婚もしたい、新しい家族も作りたい、新しい家も持ちたい、専門だった勉強も復活させて、新しく仕事も始めたい……。私は今、三八歳だから、こういうことを望むにはもう遅すぎるのかもしれません。いろいろな夢が頭の中に渦巻きますが、どれもこれも実行に移すだけのエネルギーがありません。だから未来には悲観的です。私はひきこもりになることを選んだのではありません。私はなりたくてひきこもりになったのではないのです。ひきこもりになんて、なりたくなかった……。

16 **居場所**　西洋の諸語には「居場所」に対応している語彙がないため、筆者はそのまま「ibasho」と表記することが多いが、このときテルリエンヌが言った「sa place（彼ないし彼女の場所）」は、この文脈においてはまさしく「居場所」の意に相当すると思われる。

中国のひきこもり

今でこそ、簡体字を用いる中華人民共和国からも、ひきこもりと思われる多くの人たちのアクセスがあるが、GHO（世界ひきこもり機構）を開設した当初は、広大な中国語圏にたった一人のひきこもりがいるのかどうかさえ、まったくわからなかった。

そこへまず、台湾の盧徳昕《ル・テシン》（本書二五二頁）からコンタクトがあったことで、繁体字を使用する、いわゆる華語圏におけるひきこもりの実在が確かめられた。盧徳昕と私の対談を「ひきポス」[01]で配信すると、台湾や香港からGHOへの参加の申し込みが殺到した。ところがそれでも、簡体字を用いる大陸中国からは一本も連絡がなかったのである。それが中国におけるインターネット閲覧規制と何か関係があるのかどうか、私にはわからない。

そのような時期に、「ひきこもりフランス」（本書五七頁）というフランスのひきこもりたちのネットワークで、百尹《バイイン》という東洋人の名を持つ一人のひきこもりと知り合った。二〇一八年のクリスマスが差し迫っていたころで、他のメンバーたちは、たとえひきこもりであってもやはり家族行事に忙しいのか、インターネット上になかなか現れなかった。私と百尹はお互い相手が他になく、寂しいもの同士でのおしゃべりを始めた。そのときはまだ、私は彼をフランス人だと思っていた。西洋人の名前をネット上で名乗る日本のひきこもりがいるように、日本人はじめ東洋人の名前を名乗る西洋人のひきこもりは多いからである。ところが次第に彼が、私の探し求めていた大陸中国の人だとわかっていったのである。

百尹　ＳＮＳで友達申請させてもらったばかりなのに、いきなりこんなことを尋ねるのは失礼だけど、もしかしてきみは日本人？　フランスに住んでいるの？

ぼそっと　いや、たしかに私は日本人だけど、フランスではなく日本に住んでいる。わけあって、このフランスのひきこもりのグループに入っているんだ。プロフィールを拝見する限り、きみはグルノーブル[02]に住んでいる中国人だね。生まれたときからその街に住んで

---

01 **ひきポス（HIKIPOS）**　「ひきこもり新聞」（本書一一九頁参照）の実務を担ってきたメンバーが石崎森人氏を編集長として二〇一七年一一月に創始したひきこもり当事者たちによるメディア。ウェブ版と冊子版がある。筆者は現在もその中心的なメンバーとして記事の執筆や運営管理に携わっている。

02 **グルノーブル（Grenoble）**　フランス東南部の山の中にある都市。フランスの高速鉄道ＴＧＶでパリから三時間のところにある。人口は約一五万人。筆者のイメージでは長野市みたいなところ。

いる華僑なのかな?

百尹　ぼくは杭州で生まれて上海で育った。この街へ来たのは一年前さ。

ぼそっと　へえ。お父さんの転勤か何かでそこへ来たのかい?

百尹　いや、留学生だよ。ぼくはもう大人だ。一人暮らし。この季節は寂しい。クリスマスの前後は、フランス人はみんな家族や親類と過ごすし、留学生はほとんど故国へ帰ってしまう。でもぼくは帰れない。

ぼそっと　おっと、これは失礼。まだ一〇代の中国系フランス人かと思ったよ。フランスにも中国からの留学生は多いんでしょう?

百尹　そうだね。たくさんの中国人留学生が、フランスへ経済を勉強しにきている。でも、日本人の留学生も多いよ。日本人はここグルノーブルみたいな地方都市ではなくて、パリやリヨンなどの大都市に固まる傾向があるけどね。きみは日本にいるのに、フランス語はいつ勉強したの?

ぼそっと　かれこれ三〇年前かな。

百尹　三〇年前!!!!?

ぼそっと　いや、もっとか。三〇年以上前だ。

百尹　失礼失礼[03]。ぼくはまた、あなた[04]はぼくと同じくらいの年齢だと思ってしまいましたよ。

ぼそっと　そりゃあ、そうだろうね。若者ばかりのネットワークにいるんだから。でも私は今、五五歳だ。

百尹　あなたは私の父ぐらいのご年齢だというわけですね。これは大変失礼をいたしました。

ぼそっと　おいおい、何もそう突然に礼儀正しくなることはないよ。そういうところはさすが東洋人だな。

百尹　そんなにお歳をとっても、あなたはひきこもりでいらっしゃるわけですか。

ぼそっと　きみのような前途有望な青年には、五〇代にもなってただのひきこもりである人間など想像もつかないかもしれないが、そういう人間は日本にたくさんいるんだよ。おそらくきみの国、中国にもたくさんいると思う。日本では「中高年のひきこもり」と呼ばれているんだ。

百尹　はあ、そういうもんですかね。

ぼそっと　東洋では年功序列という制度が幅を利かせているよね。きみの国でも私の国でも。人間は歳をとれば、それだけ価値を増すことになっている。しかし私は、きみのお父さん

---

03 **失礼失礼**　百尹はここだけ漢字で書いた。日本語のつもりだろう。

04 **あなた**　ここまで百尹は筆者に対する二人称に親称（tu）を使っていたが、この「あなた」から急に敬称（vous）に変えた。

と同じ年齢であろうと、ただの無職の貧しいひきこもりにすぎない。だから、きみから敬意を表せられるには値しないよ。しかもきみは自由民権思想の国、フランスに来ている。私には敬語を使わなくていいよ。

百尹　フランス人だって、自分より年長で敬意を表したい人にはきみ(tu)でなく、あなた(vous)で話しますよ。そして、無職であるかどうかと、尊敬に値するかどうかは、まったく別問題です。

ぼそっと　まあ、お気持ちはありがたいが、ともかく気楽に相手してください。

百尹　わかりました。あなたが気楽なほうにしましょう。……「あなた(vous)」でなく「きみ(tu)」と呼ぶことにするよ。

ぼそっと　ところできみはあとどのくらいフランスにいるの？　新年や、中国の正月「春節」には、上海に帰らないの？

百尹　帰らないな。ぼくは上海にはさっぱり郷愁を感じないんだ。両親は「春節には帰ってこい」と言うんだけど、嫌だなと思っていて。帰ると金もかかるし。

ぼそっと　留学生にはよくある悩みだね。ところで、中国語で「ひきこもり」は「不出門《ブーチューメン》」と書くんだろう？

百尹　そうだね。「不出門」とか「宅」とか……。

ぼそっと　宅？　「宅」の一字で「ひきこもり」を意味するのか。「ひきこもり」は在「宅」している子ども、ということで「宅」なのかな。

百尹　あははは……。「宅」は日本語の「オタク」からきているんだよ。現代中国語は、日本語の影響を大きく受けている。「宅」は日本語の漢字のままで、あまり中国語らしくないけど、十分に意味は通じるよ。あと「萌」とか「腐女」[05]もその漢字のままで通じる。

ぼそっと　へえ、面白いな。留学に来て、たくさん友達ができたかい？

百尹　できないね。だからひきこもりなのさ。初めは、留学している学校で友達を作ろうとした。でも学校にいるフランス人の奴らはみんな、人種差別主義者で同性愛恐怖症で性差別主義者で、酒と金のことしか頭にない馬鹿ばかりだったんだ。だから学校ではもう友達を作る気をなくした。

ぼそっと　中国人同士の強いつながりがフランスにもあるだろう？

百尹　中国人の留学生仲間はなぜか決してぼくを理解しないのさ。ただ一人、文学を専攻している奴がいて、彼とはときどき一緒に映画を見に行くこともある。でも、彼は同じフラ

---

05 **腐女**　中国語で「腐女子《ふじょし》」のこと。オタク用語。主に同性愛を描いた作品を愛好する女性を指す言葉。「婦女子」をもじった呼称で、ネット上で使用され広まった。

ンスでも遠くの都市に住んでいるから、すぐに会えるわけではない。だからぼくはクリスマスに一人ぼっちなんだ。

ぼそっと　きみもまた、いろいろな意味で「異邦人」だな。もちろん私はアルベール・カミュの『異邦人』に掛けて言ってみたんだけど。文学に精通しているらしいフランス留学生がこの作品を通っていないわけがないからさ。

百尹はSNSのリアクションボタンで「超いいね！」を押してきた。そして私もまた、かつて「そとこもり」をしていたころ、世界各国で「異邦人」だったことを思い出した。静かなやりとりのクリスマスだった。

台湾出身の盧徳昕は、繁体字では、ひきこもりは「繭居族《ジャンズーツー》」と書くのだと教えてくれた。繭《まゆ》の中にずっと居る族。なるほど、わかりやすい。

最近はそこへ「空巣《コンチャオ》」という語も加わったらしい。日本語では「空き巣」と読めて泥棒のことのようだし、また「空の巣症候群」といえば、子育てを終えたことで人生の目的を失ったように感じ、不安に陥る母親を指す言葉だが、中国で「空巣」というと、スマホばかり相手にして結婚しないひきこもりを意味する。そのために「巣」が「空」のままだからだという。親元から離れて都市部で一人暮らしをしていて、休日に他人と交わらず、狭い自室に閉じこもって、一日中スマホをいじっている一人っ子世代の青年たちは「空巣青年」と呼ばれている。

この世代の青年たちには、「剰男《シェンナン》」という呼び名もある。「余っている男」という意味だ。二〇一五年まで続いていた中国政府の一人っ子政策により、その世代は男性の人口が女性の人口より三〇〇〇万人も多いので、女性とカップリングできない男性が余っているというわけだ。「剰男」と「空巣青年」は、きっと大きく重なっていることだろう。

アメリカの元ひきこもり**ショーン・C**の場合

〝伝統的な男性性〟をぼくに期待するパパは敵だと思った。

「アメリカでは早いうちから精神的自立が促され、親子間であっても個人が確立している。子どもは教育を終えると、さっさと家を出され、家庭は夫婦のものに戻る。そのため、アメリカではいつまでも両親の家に留まるひきこもりは発生せず、そのかわり若年層のホームレスが多い」

このようなことが、専門家などによってよく語られる。たしかにアメリカでは、成人しても家を出ていかない自分の子どもを訴えるケースも発生しており、そういう個人主義の国民性を持っているようにも見える。しかし、やはりアメリカにもひきこもりはいる。ＧＨＯ（世界ひきこもり機構）を通じてアメリカ人のひきこもり経験者ショーン・Cと出会ったのは、二〇一九年二月のことであった。彼にはインタビューではなく、手記を書いてもらうことになった。

ショーン・Cは英語学の大学院へ進んだ、いわば英語のプロである。その彼の書く英語には、日本の中学生でもわかるような基本的な語彙しか使われていないのだが、どことなくアメリカ文学の芳香が漂い、ときどき訳すのがとても難しい。ちょうど、名人と言われるシェフが日常的なありふれた食材から奥深い味を引き出すのに似ている。彼のひきこもりに対する考え方は必ずしも私と同じではないが、そんな彼の原文の持ち味をできるだけ損なわないように記してみた。

パパの家のパソコン

両親が離婚してからママと一緒に住むことになったぼくは、ときどきパパと過ごす時間が苦痛で仕方がなかった。パパのパソコンはスペックが良くなかったし、パパのテレビは古かったし、パパはぼくに一時間しかビデオゲームをやらせてくれなかったからだ。

パパは、ぼくがだんだんゲームやテレビにはまって、生活が崩れてきていることをわかってくれなかった。パパはぼくに、それとは違う形の「生きる」ということを学ばせようと、ずっと努めているのだった。

パパは釣りやハイキングやスノーボードをさせるために、ぼくをよく外へ連れ出した。ぼくを少年スポーツクラブに入会させ、バッティングセンターに連れていった。人生や愛についてレクチャーしたり、どうしたら成功を収めることができるかについて、やる気を起こさせるような話をした。

姉さんとぼくがいるときに、パパは女性の友達や大人の仲間を家に呼んでパーティーを開くこともあった。それはパパが、若かったころの生活をもう一度やりたかったからかもしれない。あるいはぼくたちに、パパがまだ人生に燃えているところを見せたかったからかもしれない。でも、それでいてパパは、ぼくたちがパパの中の燃えている炎に近づこうとすると、たちまちぼくたちを邪険に払いのけるのだった。

ママの家のパソコン

一〇代後半にひきこもりになったとき、ぼくを大人の男に育て上げようとするパパのすべての企てに、ぼくは飽き飽きしていた。だから、それまでのように隔週でパパの家へ行くのはやめた。

ママの家にはスペックの良いパソコンがあったし、ビデオゲームはどれもこれもすべてやり放題だったから、ぼくにとってはもうパパに会いに行く理由がなくなったのだった。

ママの家の中の自分の部屋で、ぼくは一日一二時間ビデオゲームをやって過ごしていた。

ママに「もうパパには会いに行きたくない」と言った。そのときぼくはもうかなり大きくなっていたから、反対されなかった。こうしてぼくは丸三カ月の間、パパにまったく会わなかった。

パパについた嘘

三カ月経つと、パパがママの家にやってきて、ぼくに「今まで何をしていたのか」と訊いた。ぼくは「ずっと仕事を探していた」とか、「不登校になっている学校へまた行くことを考えている」とか嘘を言った。

でも、それに続く会話の流れの中で、ぼくはついうっかり、ゲームばかりやっているということをしゃべってしまった。パパは、

「一日何時間ぐらいやっているんだ」

とぼくに訊いた。ぼくはまた嘘をついて

「たぶん三、四時間ぐらい」

と言った。

パパはあまり信じていないようだった。

「四時間もぶっ続けで、ビデオゲームというのはできるものなのかい？」

ぼくは涼しい顔で、

「できるよ。面白いから」

と言った。

パパは頭《かぶり》を振った。ぼくはパパががっかりしたのがわかった。

パパが望んだ息子の像

しかしパパは、そのころすでにぼくに対する支配力を失っていた。社会から見たら、ぼくはもう大人だった。パパの理想に沿って、パパがぼくを大人に造り上げることができる期間はすでに終わっていたのだ。

パパは、望んだようには息子を育てられていなかった。

スポーツ選手、自信を持って何かを断言できる男、未来の妻と子を思い描きながら笑顔ではつらつと生きている幸せな若者……。そんな男のかわりに目の前にいる息子は、いまや自分の部屋から出てこない、いつもうつうつとした、ゲーム中毒の「肥満児」だった。

ぼくは、パパに託された夢をあらゆる点で叶えられなかった自分を許してはいなかった。

ぼくはかつてパパがぼくをある種の人間にしようとしていたことに怒っていた。パパがぼくを成功へ駆り立てようとして、「行動力のある男になれ」とプレッシャーをかけ続けたことに、ぼくは怒っていたのだ。

パパは敵だと思った。ぼくが憎む人生へ、ぼくを強制的に追いやる敵だ、と。

でも今は、パパがぼくに、この世界の中で〝自分自身〟になる方法を教えようとしていたことがよくわかる。そういうふうに自分自身になれば、もはや誰に借りを作らなくても済むのだ、ということも。

パパは無意識のうちにわかっていたにちがいな

父親の肩に乗せてもらうショーン・C

い。……もしぼくがゲームという気晴らしのためにすべての時間をつぎこんだならば、つまり、もし嗜癖《しへき》への欲望に負けて、部屋の中で一日中、心の通わない機械相手の動作に没入するようになったならば、ぼくにとって、外の世界はやがて本質的に恐ろしいものとなるだろう、ということを。

なぜならば、外の世界というものは、パソコンのように予測可能な法則で物事が起こるわけではなく、わかりやすい取扱説明書があるわけでもないのだから。

パパがパパから学んだこと

パパは「どのようにして大人の男になるか」「どのようにしてこの世界の中に居場所を見つけるか」ということに関して、たぶん一九六〇年代から一九七〇年代にパパのパパから学んだ。そして、同じことをぼくに教えようとしたのだ。

でも実際は、パパがぼくに教えていることの中には、パパ自身にとっても役立たなかったこともあっただろう。

そもそも、ぼくのパパは、あまり伝統的な男性のタイプではなかったのだ。感受性がすごく強くて、情け深いところがあった。だから本当はぼくに対しても、もっと心を開いた状態で接したほうが心地よかったはずだ。

それは、パパがぼくに暴力を振るったことがない理由でもあっただろう。パパは、自分の教えを、あくまでも自由意志によってぼくに学んでほしかったらしい。

ぼくの中で響くパパの声

もし今、あなたがぼくのパパに、

「あなたの息子さんはひきこもりですか」

と訊いたならば、パパは即座に「いいえ」と答えるにちがいない。

表面的に言えば、パパは正しい。

なぜならば、ぼくはなんとかひきこもりの状態を脱して、学校へ戻り、曲がりなりにも社会に「参加する」ことを果たしているからだ。昔は家から一歩も出られなかったぼくが、新しい道を見つけたことを知って、パパは喜んでいると思う。

幼稚園登園初日のショーン・C

ぼくがもう、パパのコントロールが利かないところにいる、ということをパパが知ってからもう何年も経つけれど、今やパパは、ぼくが「ひきこもり」というよりもむしろ「新進気鋭の学者」であることを知って、ほっとしているにちがいない。

でもぼくの中では、ひきこもりだったころと今では、ほとんど何も変わっていないのだ。社会的に言えば、今のぼくは活動的ということになるかもしれないけれど、ぼくの心の一部はいまだにひきこもりのままだ。

昔と同じように、自分の時間はほとんどずっと部屋にひきこもっている。違いといえば、今のぼくはパパの声を意識している、ということだろうか。

今ぼくにはパパの声が聞こえるのだ。

「私が望んだような男になるために、さあ、早く起きろ」

とぼくを急かす声が。

「ひきこもりにとって父の声は世間の声だ」と言う人もいる。でも、ぼくにとっては、パパと世間は違う。ぼくのパパは決して、ただ世間へ順応してさえいればいいとは教えなかった。ぼくがどのような状態だろうと、ぼくが自分のアイデンティティを形成することが、パパの願いだった。

たしかにパパは、伝統的な男性性を幼いぼくに習得させることに失敗したかもしれない。でもパパが、ぼくが成長するための土台を与えてくれたことは確かだ。

だから、何年ものひきこもり期間を経た今のぼくの中に、パパの声は大きく力強く響いている。もともとぼくを一つのアイデンティティへ導いたのは、パパの声だった。昔はぼくもそれに反抗し、はね返そうとしたけれど、ぼく自身の道を切り開くように今日まで促してきたのはパパの声なのだ。もしその声がパパから発せられていなければ、ぼくはおそらく自分の部屋に永遠にひきこもったままだったろうし、もはや心の痛みを感じることもなく、自分自身を放棄していただろう。そうなっていたら、ぼくの人生にどれほどの価値が残っていたかわかったものではない。

いじめる側を擁護する学校なんてごめんだ。

アルゼンチンのひきこもり **マルコ・アントニオ**の場合

イタリアと文化的に近いスペイン語圏にひきこもりが多そうだということは、かなり早い段階からわかっていた。

イタリアのマルコ・クレパルディ（本書一二九頁）から、「ひきこもりイタリア」というウェブサイトには隣国スペインからのアクセスが多いと聞いていたし、私もスペインの新聞でひきこもりに関する記事を読んだことがあったからだ。

スペイン・カタルーニャ州で発行されている新聞『ラ・ヴァンガルディア』の二〇一七年四月一五日号では、スペインの精神科医ルイス・ミゲル・マーティン博士が、二〇一四年にひきこもりについて調査した結果について語っている。それによると、調査対象はスペイン第二の都市バルセロナに住むひきこもり一六四例。そのうち七四％が若者の男性で、男性の平均年齢は三六歳、女性は五一歳。ひきこもりの平均期間は三年三カ月。大多数が家族と一緒に住んでおり、半分が高学歴だという。「これはたくさんいるにちがいない」と踏んだ私は、GHO（世界ひきこもり機構）設立当初からスペイン語圏に向けてアンテナを張った。ところが、そのような中で最初に応答してくれたのが、同じスペイン語圏、カトリック文化圏の中でも日本から見れば地球の反対側にある南アメリカ大陸のアルゼンチンからだった。マルコ・アントニオという青年である。

広大な土地に住むひきこもり

M・A（マルコ・アントニオ） あなたが編集した、ひきこもりだったアメリカ人の手記（本書九二頁）を読みました。ぼくもひきこもりなんです。ぼくたちのような人は、きっと世界のどこにでもいるんだと思う。政府はそのことを知らないから統計を取ろうとしないし、ケアもしないけど、ぼくの国アルゼンチンには少なくとも数千人単位でひきこもりがいるんじゃないかな。ぼくが唯一のひきこもりであるわけがないから。

ぼそっと きっとそうだね。あなたの国についてあまり知らないので、まずはアルゼンチンについて教えてください。

M・A　アルゼンチンは世界で八番目に大きい国だけど、人口は四四〇〇万人しかいなくて、そのうち一六〇〇万人は首都のブエノスアイレスに住んでいる。人口密度は一平方キロメートルあたり一四人だけど、国内にある二四の州のうち、首都のある州以外では人口密度がもっと下がる。ほとんど誰もいない土地が延々と続くんだ。ぼくたちは土地だけはたくさん持っている。

ぼそっと　なるほど。人口密度が一平方キロメートルあたり三四一人[01]の日本とはだいぶ違うね。それできみはアルゼンチンのどこに住んでいるんだい？

M・A　ぼくが住んでいるのはパラナという都市で、ブエノスアイレスからは五〇〇キロメートルぐらい離れている。エントレ・リオス州の州都で、人口は三〇万人。街の雰囲気はブエノスアイレスよりちょっと保守的だな。住人はブエノスアイレスの人々よりもおっとりしていて、他人に対して寛容だと思う。エントレ・リオス州は、州都のパラナを除くと五万人以下の町が点在しているだけで、特別なものは何もない。街の中心部でさえビルというものがなくて、小さい家がみっしりとひしめきあっている。ぼくたちはスペースに困っていないから、街の中にも高いビルを建てる必要がないんだ。

ぼそっと　そういうきみは、パラナのどこに住んでいるの？

M・A　中心部だよ。ぼくの家は、まず居間があって、ガレージがあって、それからダイニング・

ルームがあって、台所があって、いくつか寝室があって、屋根裏部屋があって、浴室が三つあって、裏庭があって、裏庭には物置小屋があるよ。

ぼそっと なんて大きなお屋敷だ。きみの家は大金持ちなのかな。

M・A ぜんぜんそんなことないよ。ぼくの家庭は中流階級だ。

ぼそっと 東京だったら、街の中心部にそういう大きな家を持っている人は、中流階級なんかではありえない。富裕層もいいところさ。でもアルゼンチンではそうではないんだね。もちろんそこにはきみがひきこもれる部屋があるんだよね？

M・A あるけど、今は弟とシェアしてるよ。家の建て替えで、弟の部屋が工事中だから。

ぼそっと アルゼンチン人ってどんな人たちなのかな。アルゼンチンの国民性をきみはどう説明する？

M・A アルゼンチン人はとても国家主義的で、表向きにはそう認めないけど、とても傲慢な人たちだ。彼らは、自分たちが生まれながらにして何事においても一番優れていると思っている。それでいて、一番になるための努力をしない。
そんなプライドの高い人々の中で、もし何か失敗したら、あるいは誰かに負けたら、

01 **日本の人口密度は一平方キロメートルあたり三四一人** 国立社会保障・人口問題研究所「人口統計資料集（2018年版）」より。

周りのみんなから「サイテー」だと侮蔑《ぶべつ》されるだけだ。基本的にこの社会では、「サイコー」でないというだけで、嘲笑《わら》われ、ひどい言葉を投げつけられる。でもここで重要なことは、実際にはほとんどのアルゼンチン人が何事においても一番でもサイコーでもないということなんだ。だから彼らは、自分が無能で弱いという事実を必死に隠さなければならない。そうしないと、他者にたちまちその事実を嗅ぎつけられ、侮蔑の標的となり、負け犬として孤立するからね。

ぼそっと　なるほど。非常に競争が激しい社会ということだね。プライドと虚栄心がごちゃまぜになっているのかな。でも私が住んでいる日本も同じようなものだと思うよ。

ひきこもりに電話は要らない

ぼそっと　もしきみがこれまでに撮った写真があれば、きみのひきこもり生活を語るものとしてぜひ記事に載せたいんだけど、送ってくれるかな？　きみが食べている物、窓の外に見える風景、パソコンの画面……何でもいいんだ。

M・A　ぼくみたいなひきこもりは、スマホとかデジカメを持つ必要がないから持っていないよ。ぼくは誰にも電話をかけないし、誰からも電話はかかってこない。たとえかかってきても、ぼくは取らないだろう。だから身の回りのものを写真に撮ることもない。送れる写真なんてないよ。

ぼそっと そう言われてみればそうだね。ごめん。忘れてください。
ところできみの国は、私の住んでいる日本からするとちょうど地球の反対側にあたる。
私たちが昼間のとき、きみたちは夜。私たちが夜ならば、きみたちは昼。でも、ひきこもりはたいてい昼夜逆転しているから、逆の逆をいって、かえって同じ時間帯に起きているかもね。きみの一日の生活時間帯はどんな感じ？

M・A ぼくの生活時間帯はめちゃくちゃだなあ。決して出かけることがないから、特定の時間に起きたり寝たりする理由がないんだ。ときどきぼくは一晩中ゲームをしたりアニメを観たりしているよ。またあるときには、すごく疲れて、一晩中眠って、昼になってもそのままずっと寝ているときもあるよ。不規則なんだ。

ぼそっと そうだろうな。健康には気をつけているかい？

M・A 健康なんて気をつけていないな。運動しない生活をずっと続けてきたせいか、体力はすっかり落ちている。でもパソコンを使える体力が残っていれば、それでぼくは十分なんだ。ぼくは太らない体質らしい。だから、いつでも何でも好きなものを食べている。

ぼそっと 他のひきこもり仲間に会うことはある？　アルゼンチンのひきこもりたちは、ひきこもりのネットワークを築いているの？

M・A　まったくないね。ぼくには友達も仲間もいない。友達の数はゼロだ。アルゼンチンの中でひきこもりのグループを探してみたけど、ぜんぜん見つからなかった。この国のひきこもりは、きっと誰とも接触しないで、ひっそりと生きているんだろう。なかには「ひきこもり」という語を知らないまま、「世界でこんな状態なのは自分だけだ」と絶望して生きている者も多いだろうと思う。

これ以上、人生を無駄にしたくない

ぼそっと　きみのひきこもりが、いつ、どのように始まったのか、訊いてもいいかい。

M・A　ぼくは二〇一八年八月の今、二八歳になったばかりで、一四歳だった二〇〇四年一二月からひきこもっている。「これ以上、学校みたいな場所で自分の人生を無駄にしたくない」と思って、二度と学校には行かなくなったのは、八年生[02]が終わる数日前のことだった。そうしたらいつのまにか、すぐ家の前にある果物屋にも出かけられなくなっていた。今はもう外出することは完全に不可能だ。

ぼそっと それじゃあ日常生活でいろいろな不便があるだろう。日用品なんかはどうしているの？

M・A お母さんに買いに行ってもらっているよ。ネットショッピングをすることもある。

ぼそっと きみの親は、きみがひきこもりであることをとやかく言うかい。日本ではひきこもりと親の関係はたいてい悪いんだ。

M・A ぼくの親は、「出かけろ」「働け」「勉強しろ」といったことをもう言わなくなったよ。昔は言ったけどね。そんなことを言ってもぼくを変えることはできないと彼らもわかったんだろう。

ぼそっと 精神医療にかかったことは？

M・A ないね。ああいうところは、もっと狂った危険な人たちが行くところだ。

ぼそっと きみみたいな人は、学校では成績が良かったんじゃない？

M・A それほどでもないよ。成績なんてどうでもよかった。だからいつもテストの前日に一夜漬けをするだけだった。あと、ぼくは体育の授業には出なかった。体育は嫌いだったからね。ぼくが好きだったのは数学ぐらい。数学だけは、勉強しなくてもテストで点が取れるから。

02 **八年生** 日本の中学二年生にあたる。

いじめる側をかばう教師たち

ぼそっと　もしかしたら、学校でいじめに遭っていたんじゃないか？　もし、思い出したくないことを聞いているようだったらごめんね。でもなんかそんな気がして。

M・A　大丈夫だよ。むしろ聞いてくれてありがとう。うん、いじめに遭っていたよ。ぼくは学校で一年生から八年生までずっといじめられていたんだ。

一年生から四年生まで、ぼくは私立のカトリックの学校へ行っていた。そこではいじめられるだけでは済まなかったんだ。いじめられるたびに、ぼくは戦いを受けて立った。ところがカトリックでは、戦うことは推奨されない行為なんだ。いじめるほうは守られて、応戦するほうは守られない。こうしてぼくは四年生の終わりに、学務を担当していた神父たちによって学校から追い出された。ぼくをいじめていた側の連中は、要領よく立ち回って処罰の対象とはならず、ぼくだけが退学となったんだ。

私立を退学になって、ぼくは四年生の終わりから公立に転校した。そうしたら、その学校でもまた五年生からいじめを受け始めたんだ。理由は明らかだった。ぼくはいつも独りで、机で本を読んでいたからだ。誰にも話しかけなかった。すると彼らにとってはいじめの格好のターゲットになる。

ぼくは一度学校を追い出されていたから、また追い出されるのはごめんだった。だからいじめられてもこちらからやり返さないようにしたんだ。だけどぼくだって、寛容でいるのにも限度がある。だいたい三、四カ月ごとにぼくは「爆発」して、彼らを学校の隅まで追いかけていき、ぶん殴ってやった。

するとこれが習慣になった。ぼくは三カ月から六カ月のあいだ、ずっといじめられたあと、「爆発」をし、また三カ月から六カ月のあいだいじめられるという周期を繰り返すようになった。これが五年生から八年生まで続いたんだ。

最後の二年はいじめがもっと激しくなって、奴らはぼくを殴りつけ、唾を吐きかけたものさ。それでもぼくは「爆発」するとき以外は奴らの行ないを甘受した。また退学になりたくなかったからさ。結局、公立学校だったこともあってぼくは退学にならなかったし、ときには教師がぼくの側に立ってくれたこともあったけど、校長はいじめている側の生徒に対しては何も策を講じなかった。きっと校内で起こっていることなんてどうでもよかったんだろう。

どうやら世界中どこの学校でも同じようなことが起こっているようだね。いつもニュースで観るよ。いじめをやめさせるために何かしなければいけない立場の教師が何もしない、ということを。

行政ができることは何もない

ぼそっと もしアルゼンチン政府がひきこもり対策に乗り出すとしたら、きみは行政からどんな支援を期待する？

M・A わからないね。はたしてひきこもり問題の解決を、行政が本質的に手伝えるものなのだろうか。
政府はひきこもりが外へ行くのを助けることはできないし、他の人に話しかけるのをサポートすることもできないだろう。仕事ができないひきこもりにお金を与える福祉事業を創設することならできるかもしれないけど、もし何の見返りもなくお金を配り始めたら、政府はただお金を無駄にするだけだと思う。
福祉制度からお金をもらうとなると、ぼくは他の人が稼いだお金で暮らすこの社会の寄生虫ということになって、それは居心地が悪い。一方では、政府がぼくを外出させ、仕事をあてがい、他人に話しかけるようにできるとも思わない。日本の政府はその方策を探り当てているの？　ぼくたちひきこもりが自分たちでなんとかするようにしないと、政府もぼくらを助けようがないんじゃないかと思うけど。

ぼそっと 日本では、ひきこもり支援については大きな議論がある。実際にいくつかの自治体や事業体ではすでにひきこもり支援が行なわれていて、内容は主に相談事業と就労支援[03]だ。しかし、それらは私たちひきこもり当事者からすると、あまり効率的に機能しているとは言えない。行政の側でも意識の高い人たちは、より良いひきこもり支援を考えてくれてはいるようだけど、居場所の数だけ増やせばいいというものでもないしね。それだけの財源があったら、私たちひきこもりが他のひきこもりのためにやっている当事者活動を行政が後方から支援してくれたほうがよっぽどマシだと思う。

ぼそっと　たとえばアルゼンチン政府の代表者がきみを訪問して、「マルコ・アントニオさん。私たちはあなたがひきこもりを脱するためなら何でもします。私たちに何をしてほしいですか」とじきじきに尋ねてきたら、きみは何と答えるだろうか。どんな非現実的な答えでもいい。想像力を豊かにしようじゃないか。

M・A　ぼくの問題は「外へ出かけられない」「人と話ができない」ということであって、政治や法律で解決できるものではないんだ。行政がぼくにできることなど何もない。だからぼくは「ひきこもりは問題を自分たちで解決しなければならない」と言っているんだ。

ぼそっと　きみの言っていることはよくわかる。多くのひきこもりは、もしかしたらぼんやりと

03　日本のひきこもり支援は主に相談事業と就労支援　二〇一八年時点。

きみのように考えているかもしれない。でも経済的にはきみは今、両親に頼っているだろう。将来に関して経済的な不安はない？　たとえば社会保障や福祉制度からお金を得ようとは思わない？

M・A　ぼくは「社会福祉からお金をもらおう」とは思っていない。今アルゼンチンでは、何百万人もの人が福祉制度を支えるために税金を払っているんだ。彼らには、ぼくのためにお金を無駄にしてほしくない。

最悪のシナリオでいくと、ぼくはフリーのゲーム制作者になるだろう。すでに制作しかけたゲームがいくつもあるけど、退屈な作業だから今すぐに完成させる気にならないだけなんだ。

ぼそっと　そんなふうなら、将来のひきこもり生活に対して、何にも恐れることはないんじゃないか。

M・A　ああ、恐れることは何もないね。ぼくはこれからも自分の部屋にひきこもり続け、何でもやりたいことをやる。人生の終わりまでひきこもり続けるだろうと思うよ。

インドのひきこもり

ヴァタスィノ　ナマイェヴァ　ブーラナ　デス！
ヴァタスイヴァ　インド　カラキマスィタ！
(vatasino namayeva Bhurana desu! vatasiva Indo karakimasita!)

二〇一八年一〇月に届いた一通のメール。初めは「何語で書いてあるんだろう」と思った。しかしよく読むと、不完全な日本語のローマ字である。どこでどう学習したものか、「v」をワ行の「w」と混同しているらしい。日本語は冒頭の二行だけで、あとは英語で次のようなことが書かれていた。

世界的なひきこもり増加についてもっと深く知ろうとしていたところ、素晴らしい仕事をなさっているあなたを見つけました。日本にいるあなたと、こうしてインターネット上でお会いできて、大変光栄です。あなたが発信しているひきこもりに関する情報を、私は高く評価しています。
私はインドで、子どもの問題に取り組んでいる組織のボランティアをしています。私たちの組織では、最近、ひきこもりについてよく聞くようになりました。どうやら私たちの社会でもひきこもりが増えてきているようなのです。私はひきこもりの青少年を助けたいと思っています。もしあなたが、インド国内のひきこもり支援団体や、ひきこもり関連機関をご存じでしたら、ぜひ教えてください。そうすれば、私は彼らに会いに行ったり、ネットで連絡したりして、ひきこもり問題のために私たちに何ができるかということについて議論できます。また、私たちはひきこもりのための学校や教育を早急に整備できるかもしれません。

インドからのＧＨＯ（世界ひきこもり機構）への連絡は、これが初めてだった。私は当然インドにもひきこもりがいるだろうと思っていた。それはなにも、山奥にひきこもって修行をしている仙人のイメージではない。インドの修行者は「サドゥ」といって、人々の日常生活の空間の中を流浪していることが多い。私も海外でひきこもる「そとこもり」だったころ、列車の中で彼らとよく一緒になった。つまり、インドの修行者は、そもそもほとんどひきこもっていないのである。

私がインドにいるだろうと見込んでいるのは、日本と同じような現代的なひきこもりだ。

だからインドのひきこもりから連絡がきても今やまったく驚かないが、この人のメールには、本人がひきこもり当事者だとは書かれていない。ボランティア団体で働いていて、ひきこもり支援団体を探しているという。

どうもひっかかる。自身の職業や収入源のことは書いていない。本来、この手のボランティアは他の支援機関に関する情報を一番多く持っている人々である。私はふと、「もしかしたら、この人自身がひきこもりであり、支援を求めているのではないか」と思った。

メンタルヘルスの問題や社会的に認められていない行為について話すとき、他人にかこつけて自分の相談をする人は多い。「自分は違うんですけど、親友が盗癖を止められず、どうしたらいいでしょうか」とか、「私自身は絶対にそんなことはしませんが、ある友達が不倫で悩んでいます」といったように、本人が「恥」だと思っている問題を相談するときには、主語を友人にすり替えるのだ。

体験が本人のものかどうかは、たいてい聞いていればわかるので、「それはあなた自身の問題ですね」と言いたくなるのだが、それを言うと傷つくだろうから、こちらも最後まで気づかないふりをしてやる。しかしそうすると、彼らの「恥」の意識は障壁として残り、その後も自身の問題と直接的に取り組むことができない。

もしインドでひきこもりがまだよく知られていないならば、ひきこもりを恥と思う傾向はいっそう強いだろう。ブーラナの文面に溢れている熱意はかえって私に、もしかしたらこの人自身がひきこもりではないか、という疑念を起こさせたのだ。そんな邪推が正しければ、「ひきこもりのための教育や学校」を必要としているのもブーラナ自身ということになる。

しかし、もし逆に、この文面通り、あくまでも「支援者」としてひきこもりに関わりたいと思っているなら、この熱意はむしろ危険である。「早急になんとかしたい」と燃えているところが、どうもひっかかるのだ。

ひきこもりを「問題」と決めつけ、早急に解決しようとすると、どうしても解決への「効率」を求めることになる。強引な支援団体や暴力的な引き出し屋[01]も、そうした意識から発生したビジネスであった。

ひきこもりは「効率」と相性が悪い。たとえひきこもりであっても「効率」をまるきり排除して生きることは難しいが、文明が「効率」に向かって驀進《ばくしん》する中で警鐘を鳴らしている存在がひきこもりだと考えれば、それは当然のことである。

とはいえブーラナに、「なぜ、そんなに早急にひきこもりを助けたいのですか？　ひきこもりはあなた自身ではないのですか？」と返すのは、さすがにためらわれた。

ともかく、このメールによって、インドにもひきこもりがたくさんいそうだということは十分に伝わってきた。とりあえず私は次のような返事を書いた。

「私の記事をお読みいただき、まことにありがとうございます。残念ながら、インド国内のひきこもり支援団体に関しては、まだ私の側にも情報がありません。ところで、インドのひきこもり当事者を誰か紹介していただけませんか？」

返事はなかった。はたしてブーラナは当事者だったのか、支援者だったのか——。わからないまま、一年半の月日が過ぎたころ、私は再び「インドのひきこもり」を名乗る方より連絡をもらったのである。それがニティン（本書一二〇頁）だった。

01 **引き出し屋**　本書一三九頁参照。

インドの元ひきこもり**ニティン**の場合

私たちは自分自身になるために少し時間が必要なだけなのです。

インドからは、二〇一八年一〇月にブーラナから連絡をもらっていたのだが（本書一一五頁）、この人がひきこもり当事者であるかどうか、確認が取れないまま音信不通となってしまった。そのため、私にとってのインドひきこもり第一号の認定は先送りになっていた。

それから一年半が過ぎた二〇二〇年四月に、同じくインドから「ひきこもりを助けたい」という、今度はニティンと名乗る人からメールが届いた。

ブーラナも同様のことを言っていたので「またか」と思うと同時に、「もしかしてブーラナが名前を変えて、久しぶりにメールをくれたのか」と訝《いぶか》った。しかし、やりとりを始めるとすぐに、ニティンは自分がひきこもり当事者であったことを積極的に認めた。私はニティンがブーラナとは別人物であると結論づけるとともに、心の中で彼をインドのひきこもり第一号として認定した。

「さっそくインタビューを」と思ったが、ニティン自身が書いた手記が首尾よくまとまっていたので、了承を得て翻訳することにした。

知ってほしい三つのこと

インドではたくさんの人がひきこもりとして暮らしていますが、「ひきこもり」という語はあまり知られていません。

インドではひきこもりは至るところで見られます。仕事をしたいと思わない人。プラスになるものを手に入れようとしない人。望ましい結果や成功を得ることができない人。学校、大学、就職、ビジネス、昇進で失敗した人。結婚できない、家族を養っていくことができない、資産がない、など人生のさまざまな段階で失敗している人……。

私から見ると、それらすべての人たちに共通点があります。すなわち、自分の価値を示そうとしても示すことができないという点です。

そのことについてもっと詳しく説明する前に、私はひきこもりの皆さんにまずは知っていただきたいことがあります。

「あなたは一人ではないこと」

「あなたにはそうなった責任がないこと」

「あなたは他の人の重荷ではないこと」

この三つです。

インドであろうと、日本であろうと、世界のどの地域であろうと、私たちは皆ここに住んでいて社会の一員です。私たちは皆、強くなるために生まれてきたのです。私たちは皆、成功するためにここにいるのです。ただ私たちには、それぞれが自分自身になるための時間が必要なだけなのです。

私たちが自分自身を受け容れ、何を始めるのにも遅すぎることはまったくないと考えなくては、自信や尊敬や成功といったものは、決して訪れることはないのではないでしょうか。

もし、他のひきこもりの人たちのためになるならば、私も自分のひきこもり体験談を皆さんにお伝えしたいと思います。そうです、私はひきこもりだったのですが、自分を取り戻し、今では社会からまったくふつうの男として見られるようになりました。

私の勝利は社会のためのものではありませんでしたが、私だけの勝利以上の意味を持つものです。それがいかに大きなことか、皆さんにお話ししたいと思います。

仕事を失って「人間の失敗作」に

私はインドの中流階級の家庭に生まれました。

インドで中流階級の家庭と言うと、限られた資産を元手に何か望むことを成し遂げようとする家庭と言えます。資産がないため何かを成し遂げようとほとんど考えることもない貧困層でもなければ、もともと資産がいくらでもある富裕層でもありません。

中流階級では、人々は皆成功して裕福になりたいと思っていて、「一生懸命に働かなければ、すべてを失って路頭に迷う」ということを知っています。人々は何年も働いて得たものを、家を建てるために、あるいは子どもの教育や結婚のために費やします。そうすることによって、家庭や人生の幸せと平和が犠牲になっていることを理解していません。

今、私は三〇代です。海外で教育を受けました。これまで私は多くの良い仕事をしてきました。しかし残念なことに、私は七年前にすべてを失ってしまいました。職場での人間関係、昇進がないこと、インフレ、押し寄せる請求書の山が、ある日、私の心を破壊し、それで私は仕事を失ってしまいました。

多くのインド人がそうであるように、私は当時も今も、両親や兄弟姉妹など家族と一緒に住んでいます。家族は、仕事を失った私の将来や結婚をしきりに心配し、かつて私が良い職を得るために借りたお金の返済を憂慮し始めました。

私もこれらのことが気にならないわけではなかったのですが、いつのまにか深く落ち込んでそれどころではなくなり、自分のことを人間の失敗作だと考えるようになりました。

私は貯金をするために新しい仕事を始めようとあれこれもがきましたが、何事もうまく行きませんでした。私は自信と力をすっかり失いました。

こうして私は自室のベッドの中で過ごすようになったのです。風呂に入ったり、ひげを剃ったりするのは、もうどうでもよくなり、とにかく一人で過ごしていたい気持ちで頭の中はいっぱいでした。

家族が心配して、食べ物や必要なものを私の部屋まで持ってきてくれました。こんな生活を送っていたために、私には友人が一人もいなくなりました。そのことは今でも寂しく思っています。

それから六年もの間、私は何をやっても失敗し続けました。新しい技能を身につける学校に通ってみたり、やる気を起こさせるセミナーのようなものに参加してみたりしましたが、どれもこれも何の役にも立ちませんでした。

この間、私は自分を敗者として見ていました。

家族は私のことをしきりに心配し、そんな家族と私はしばしば衝突しました。家族は、私が新しい人生に踏み出す気持ちがないのだと思っていました。私は彼らからの信頼を失いました。

家族の変化

しかし、やがてそうした暗黒状態にも終わりがやってきました。

私はある日、家族に、「自分を再起動させる時間が必要なのだ」ということを話し、「私が働いていないことを残念に思うのをやめてくれないか」と要求しました。

そして、あまり私の将来のことを考えず

ニティンが撮影した仮面（1）

に、ただ息子として、兄弟として、ありのままの私を受け容れてくれるように正面からお願いしたのです。

すると家族は皆、それを理解してくれて、私は再び自分を見いだす時間を持つことができたのです。家族は、私が自分の良いところを再び自覚できるようになるのを助け、私の失敗や無礼や怒りを無視するように努めてくれました。

こうして私はついに、新しいスタートを切るために必要なすべてのものを取り戻す時間を得ました。今は以前のようにバリバリ稼げてはいませんが、それでも私は、再びこちら側に戻ってきたことを幸せに感じています。

今、私は思うのです。ひきこもりになったことによって、そして自分を偽らず、自分自身や家族、友人に忠実であったことによって、新たな何かを手に入れたのだということを。

私に必要だったのは、ちょっとした休息や再起動の時間にすぎなかったのです。

だから、ひきこもりの皆さん、何年でもいいから時間をかけてください。自分の存在を資産として受け容れ、自分の強みを取り戻し、新しい力で世界がどれだけ美しくなるかを見てみてください。

もしそのために私が必要ならば、私はあなたの力になりましょう。

「記事に掲載したいから、何か自分で撮った写真を送ってくれないか」とお願いしたところ、ニティンは仮面の写真を多く送ってきた。きっと仮面は、彼にとって特別な意味を持つものなのだろう。

私はニティンの言うことにすべて賛成しているわけではない。たとえば、「私たちは皆、成功するためにここにいるのです」というくだりを読んだときは、彼と私では哲学が根本から違うように感じたものだ。

しかし、「ひきこもりの共通点とは、自らの価値を示そうとしても示せない人たちである」という箇所には、思わず目を見開いた。

とかく人は、ひきこもりが働いていないことに関して、「自分の能力のなさが露呈するのが怖くて、社会に打って出ない人々」と考えがちだ。これは、社会を個人の価値を測る物差しとして絶対化しているからこそ生

ニティンが撮影した仮面（2）

まれる発想だと言えるだろう。

ところが、ニティンが「自らの価値を示そうとしても示せない」と言うとき、そこには社会という物差しの絶対化をやめ、人々の考え方をひっくり返そうとする響きがある。

「本当はひきこもり個人の中にも大きな価値があるが、今の社会では物差しが悪いから、それを測り、示すことができない」

と言っているようなのである。

この観点の転換にいたく感心した私は、日本のひきこもり当事者や家族の人たちにも、幅広くニティンの言葉を知ってもらいたいと思ったのであった。

イタリアの社会心理学者 **マルコ・クレパルディ**との対話

彼らを助けたい、いや、「ぼくら」を助けたいのです。

本書に収録した人の中では、マルコ・クレパルディはアエル（本書一七四頁）と並んでもっとも早い時期からの知り合いである。私が「ひきこもり新聞[01]」に記事を書き始めたのを見て、向こうから連絡をくれたのがマルコ・クレパルディであった。

彼はひきこもり当事者ではない。「自分はいつひきこもりになっても不思議ではない」とは言うが、支援者である。いまや彼はイタリア全土のひきこもりたちの間でカリスマ的な人気を確

01 **ひきこもり新聞**　ひきこもりの当事者と経験者が作っている新聞。編集長は木村ナオヒロ氏で、二〇一六年一一月に創刊された。筆者も「ひきポス」（本書八五頁参照）が創刊されるまで一年ほど関わった。

立し、日本の治療者とも関係が深い。私は、彼のような支援者の在り方に疑問を抱いているが、それについてはここでは触れない。

このインタビューは、彼がまだそのような立場になる前の二〇一七年四月に収録したものである。

三〇年前のひきこもり

M・C（マルコ・クレパルディ） 私は社会心理学者として、二〇一四年からイタリアにおけるひきこもりを研究しています。ひきこもりという現象について語る場として「ひきこもりイタリア」というウェブサイトを立ち上げました。今日では、イタリアでも多くの人がひきこもりについて話すようになりましたが、ひきこもりという現象をまだ知らない人たちが関心を持ってくれるように、世論をもっとこちらの方へ向かせたいのです。

ぼそっと 私は東京郊外に住んでいる五〇代のひきこもり当事者で、日本では「中高年のひきこもり」と呼ばれます。断続的に三〇年以上もひきこもりをやっています。イタリアにもひきこもりはいるのですね。

M・C　いますよ。でも、イタリアではひきこもりといえばみんな一〇代か若者ばかりです。

ぼそっと　悪いけど、それって本当かな、と思っちゃうんですよ。私はかれこれ三〇年も前に、一人のイタリア人のひきこもりと会っています。当時はまだ日本でも「ひきこもり」という語は存在していませんでした。だから人々は「あのころは一人もひきこもりなんていなかった」と考えがちです。でも本当はそうじゃない。ひきこもりは三〇年前もいた。ただ、ひきこもりが「ひきこもり」と名づけられていなかっただけなのです。だからイタリアにも、まだ「ひきこもり」と認定されていないだけで、中高年のひきこもりがたくさんいるんじゃないかな。

M・C　三〇年も前にどうやってイタリア人のひきこもりと会ったのですか。まあ、「ひきこもり」とは呼んでいなかったにしても。

ぼそっと　私自身は、大学を卒業して、さて就職しようという二三歳のときにひきこもりが始まりました。しかし、日本社会でひきこもりをやっていると、周りの人々にあれこれ言われます。そこで私は日本から逃げ出して、外国へ行ってひきこもりをやっていたのです。このひきこもりのスタイルは「そとこもり」[02]と呼ばれます。

---

02 **そとこもり**　自室以外の場所でひきこもりと同様の状態になること。外国に限らず、日本国内や自宅の近辺を漂浪しながらひきこもっている場合もこれに含まれる。

M・C　あなたはそのとき、今ぼくに説明しているように、ご自分がやっていることを説明できましたか。

ぼそっと　鋭いですね。いいえ、説明できませんでした。今だからこそ、こうしてわかりやすく説明できるのでしょう。時を経て、些末な細かいことはすべて捨象され、やったことの本質が見えてきたからです。

M・C　なるほど。それで、海外でひきこもっているときに何が起こったのですか。

ぼそっと　私はアフリカで、ジョゼッペという同い年のイタリア人の男と出会いました。私たちはお互いに、なぜ自分がそこにいるのかという経緯について語り合い、私は彼が自分とまったく同じだと知ったのです。

M・C　彼もまた、海外でひきこもりをやっていたということですか。

ぼそっと　そうです。彼は一足先にイタリアへ帰っていきました。私はしばらくアフリカでそとこもりを続けたのですが、やがて日本へ帰る前にイタリアに訪ねていき、彼のご一家にしばらくお世話になりました。彼の家族は、私の家族が持っていたような構造的な病理を持っていました。それから、彼の地元の友達の一人は、ずっと部屋に閉じこもって本ばかり読んでいて、その両親は彼を責め続けていました。

M・C　今日ならば彼もまた「ひきこもり」ですね。

「本当の理由」を理解したい

ぼそっと あなた自身もひきこもり経験者ですか。

M・C いいえ、私自身はひきこもりだったことはありません。でも、ひきこもりが持っている人生観みたいなものはわかるつもりです。何かがちょっと違えば、ぼくも簡単にひきこもりになっていたことでしょう。あるいは、将来ひきこもりになるかもしれません。たくさんのひきこもりがぼくのピア（仲間）です。だから彼らを助けたい、いや、「ぼくら」を助けたいのです。また、彼らがひきこもりになった本当の理由というものを理解したいのです。イタリアで数人のひきこもりと連絡を取り合っています。彼らがコミュニケーションを取れるように、チャット・ルームを作りました。これは大成功でした。イタリアのひきこもりたちはコミュニケーションを取りたがっています。それは日本でも同じですか。

ぼそっと 日本ではひきこもりは多様です。コミュニケーションを求めているひきこもりもいれば、それをとことん避けているひきこもりもいます。多くのひきこもりは、同じような葛藤をコミュニケーションに対して持っているようです。心の底では他者とコミュニケーションを取りたいんだけど、気持ちや考え、欲望やプライドなどすべて折り合いをつけた形で自分を表現する言葉がなかなか見つからないから、コミュニケーションしない、という葛藤です。

あなたはイタリアで、ひきこもりのために、他にどういうことをやっているのですか。

M・C 私はまず、ひきこもりの親たちが支え合っていけるように、親の会を作りました。現在、イタリア国内の一七〇家族の親と連絡を取り合っています。私は親御さんたちの考え方もよくわかります。面白いのは、同じ問題に対してひきこもり当事者と親御さんたちは異なったアプローチを取りたがる、ということです。

ぼそっと 日本でもあなたがイタリアで作ったのと同じような機関があります。それも初めは、ひきこもりの親たちのネットワークでした。日本のひきこもりの当事者たちが、親ではなく当事者自身のためのネットワークを構築し始めたのは、ほんのここ数年のことです。

ひきこもりの男女比

ぼそっと イタリアでは、ひきこもりの男女比はどうですか。

M・C 私が読んだ文献によると、日本ではひきこもりの九割が男性だそうですね。イタリアではまったく違います。男性七割、女性三割といったところでしょうか。しかし、これは正式な数字ではありません。イタリアではひきこもりに関する統計が取られたことがない[03]のです。

ぼそっと ひきこもり界隈の居場所やイベントに来る当事者たちを見ていると、日本でもイタリアと同じように男性七割、女性三割といったところです。そういうところへ来ない当事者まで含めると、男女比はもっと変わる可能性があります。

ひきこもりに関してはある種「宿命的な」問題がありますよね。それは、ひきこもりは表に出ないから、社会、統計、メディア、研究などには実状が出てきにくいという問題です。そのために、正確なひきこもりの数や全体像を把握することは困難を極めます。

M・C おっしゃる通りです。ところで、あなた自身はどのように「ひきこもり」という語に出会い、その現象を知るようになりましたか。

ぼそっと まず、「ひきこもり」という語は古くから日本語にあったもので、最近できた造語ではありません。昔からあった「ひきこもる」という動詞の名詞形である「ひきこもり」が、一九八〇年にアメリカ精神医学会が編んだDSM-IIIという精神科診断基準の中の「社

03 **イタリアではひきこもりに関する統計が取られたことがない** 二〇一七年四月時点。

会的撤退(social withdrawal)」の訳語として充てられたのが、今日私たちが使っている意味での「ひきこもり」の始まりだと言われています。日本では一九八九年に初めて公的な文書に登場しました。

私自身が「ひきこもり」という語に出会ったのは、二〇〇〇年ごろでした。当時、日本人は「ひきこもり」という語をひどく悪いイメージで語っていましたから、「自分もその一人だ」とは夢にも思っていませんでした。あのころ人々は「ひきこもりといえば男だ」と強く信じていましたね。

M・C　言い換えれば、当時の日本人は、「女性はひきこもりなどにならない」と考えていたのですね。

ぼそっと　そう言ってよいと思います。女性もひきこもりとして社会的に認定されるようになったのは、ごく最近のことにすぎません。将来、より多くの女性がためらうことなくひきこもりとしてカミングアウトするようになってくれば、七割三割などと言っている男女の比率も変わってくるかもしれません。また、ひきこもりの中には、自認する性が男性でも女性でもない方もたくさんいます。

「ひきこもり」という語の輸入

ぼそっと イタリアでは、いつ、どのようにして、「ひきこもり」という日本語が使われるようになったのですか。

M・C イタリア語は、英語など他の言語の単語を借用して、そのまま語として定着することがよくあります。日本語の「ひきこもり」は、今ゆっくりとイタリア全土に広がっていますが、まだ日常的な語彙にはなっていません。日本語の「ひきこもり」を一般的なイタリア語にするというのも、私が目指していることの一つです。

私が最初に「ひきこもり」という語を聞いたのは二〇一二年、『N・H・Kにようこそ!』というアニメ番組を観ているときでした。私は「ひきこもり」という語を聞いたその日からすぐに使い始めました。なぜなら、「ひきこもり」は全世界的な現象で、その現象を呼ぶ世界共通の語が必要だったからです。「ひきこもり」という日本語をイタリア語へ導入することで、私たちはひきこもりを共通の認識のもとに語ることができます。まさに今、あなたと私が、住んでいる国も違うのに、同じ「ひきこもり」について語っているように。

ぼそっと　ひきこもりに類似する概念として「バンボチョーネ」(bamboccione)[04]というイタリア語を聞いたことがあります。「バンボチョーネ」は「ひきこもり」とどう違いますか。

M・C　イタリア語で「バンボチョーネ」とは、成人して経済的に自立したあとも両親や家族と一緒に住んでいる成年男性を指します。イタリア人は実家や出身地と密着した人生を送ることが多く、バンボチョーネも家を離れられないのです。しかしバンボチョーネは、友達と外出したり、他人と社交関係を結んだりすることには何の問題もありません。だから、「ひきこもり」とはまったく違います。

ぼそっと　なるほど。それじゃあ、「バンボチョーネ」っていうのは、和製英語の「パラサイト・シングル」に近いのかも知れませんね。

ところで、イタリアは地方差が大きい国家として有名ですが、ひきこもりに関する状況も地方によって大きな差が見られますか。

M・C　その質問には答えられません。なぜなら、繰り返しになりますが、イタリアではひきこもりに関する調査が行なわれていないからです。しかし、私自身の経験や、やりとりしている人たちの様子から推測するに、たぶん答えは「ノー」でしょう。

引き出し屋の存在

ぼそっと 私たちは以前、「もし、ひきこもりがその状態から脱したいと望んでいるのなら、他人がそれを助け出そうとしてあげることはよい」ということで同意しましたね。けれども問題は、ひきこもり自身の選択によらないで、ひきこもりを「助け出そうとしてあげる」人々がいる、という事実です。とりわけ悪質なのが、よく日本語で「引き出し屋」などと呼ばれる者たちです。

M・C 「引き出し屋」とは、どういう意味ですか。

ぼそっと 日本で発行されている英字新聞では「Drawer」[05]などと訳されていますが、彼らは自分たちをひきこもりの自立支援団体だと名乗っています。ひきこもりを抱えた親御さんから何百万円もの大金を受け取り、それと引き換えに、ひきこもりの子が部屋から出てくるように説得する。出てこなければ、ドアを壊して引っぱり出す。そして用意して

04 **「バンボチョーネ」(bamboccione)** 直訳すると、「大きな赤ちゃん」。

05 **Drawer** 「引き出し屋」は、この対談の時点ではイタリア語に相当する語がなかった。のちにマルコ・クレパルディと「『引き出す』ってどういうことですか?」「たとえば、洞窟の中に何か良い物があって、それを外へ出したいのに、大きいからなかなか出せない。そういうときイタリア人はどうしますか?」などと問答しているうちに“estrarre”という動詞に行きつき、そこから“estratto”(引き出すという行為)、さらに派生させて“estrattori”(引き出し屋)という名詞が生まれた。

きた車に押しこんで、彼らが更生施設と呼んでいる牢獄のような場所へ連れ去るのです。そこで子どもを彼らの組織のために働く安価な労働力に仕立て上げていきます。

M・C とんでもないことですね。私は同じような業者がイタリアに発生することを許しません。長期的な視点に立てば、忍耐と理解だけがひきこもりを救う唯一の道である、と私は考えています。

ひきこもりとインターネット

ぼそっと イタリアでは、ひきこもりの増加に関して、どのような対策や活動が行なわれていますか。

M・C 現時点ではまだ何も行なわれていません。まだイタリアのひきこもり関連の活動[06]は支援者主体であり、当事者たちの声は伝わってきません。一般のイタリア人は、メディアも含めて、「ひきこもり」と「インターネット依存」をまだ混同しています。パソコンの電源コードを引き抜いてしまえば、ひきこもりは部屋から出てくるものだと考えている人がたくさんいます。あとは推して知るべしといったところでしょう。でも、きっとイタリアでは、次の二、三年のうちに状況は大きく変わっていきますよ。

ぼそっと 日本ではさすがに「ひきこもり」と「インターネット依存」を混同しているメディアはないと思いますが、多くのメディアがひきこもりに関して先入観に基づいた歪んだイメージを持ち、しかもそれを再生産しています。

M・C それはどのようなイメージですか。

ぼそっと たとえば、「ひきこもりというのは、両親が長年苦労して建ててくれた一戸建ての二階の一番奥の部屋に閉じこもっている、二〇代から三〇代ぐらいの男性のことで、夜も昼もアニメを観て、インターネットやオンラインゲームをやって、母親が部屋の入口まで食事を運んできている」というようなイメージです。

M・C なぜ、そのようなイメージがひきこもりに与えられるようになったのでしょうか。

ぼそっと たぶん、「ひきこもり」という語が社会に普及した二〇〇〇年ごろに、メディアに最初に取り上げられたひきこもりの人がそのようなタイプだったのでしょう。それを見て、みんなが「ああいうのが『ひきこもり』っていうんだ」と誤った学習をしてしまったのです。実際はそういうタイプばかりではありません。たとえば、私のひきこもりが始まったのは両親の家を出てからのことでした。

06 **イタリアのひきこもり関連の活動** この対談が行なわれた二〇一七年の一〇月に、ミラノで最初のひきこもり関係者の全国大会が開かれ、これを機にイタリア全土でひきこもりに関する理解が急速に広まっていった。

M・C あなたがひきこもりを始めた当時は、まだインターネットなんてなかったでしょう?

ぼそっと ありませんでした。だから私は、ひきこもりとインターネット依存が別物であることを証明する生き証人です。

M・C ひきこもりとインターネットには高い親和性があるかもしれませんが、私はその理由を、ひきこもりが「外の世界と交流したい」というニーズからインターネットを多用するからだ、と考えています。

ぼそっと そうでしょうね。あと、年代的な特徴もありますよ。五〇代の私から見れば、若い人たちは、たとえひきこもりでなくても生活がインターネットに依存している割合が異様に高いですからね。

四〇代のひきこもり女性からこのような言葉を聞いたことがあります。

「私はインターネットがまったく好きではありません。なぜなら、それぞれのウェブページに社会で活躍している人々の姿を見てしまうから。その姿が、動けないでいる私を責めているように感じるのです」

これは、インターネット依存がひきこもりを作っているのではないことを示す一つの証言ではないでしょうか。

ひきこもりの定義と多様性

ぼそっと　日本のある専門家がこう予想しています。
「ヨーロッパでは、南へ行くほどひきこもりが多いはずだ。なぜなら、南ほど母と子の心理的な距離が近いからだ。北ヨーロッパでは、子どもの自己は早い時期に確立されるので、成人後のひきこもりも少ないはずだ」
あなたはこの仮説をどう思いますか。

M・C　賛成します。スペインとイタリアは、ヨーロッパの中で最もひきこもりの多い国だと思います。それは今あなたがおっしゃった理由からです。しかし、ヨーロッパではスペインとイタリアだけにひきこもりがいる、などと言うつもりはありません。他の国にもいるでしょう。西洋全体では、南ヨーロッパと北アメリカが、最もひきこもりの多い地域なのではないでしょうか。

ぼそっと　ひきこもりと国民性の関係は、一筋縄ではいかないことでしょう。たとえば、偏見かもしれませんが、一般にあなたたちイタリア人は人生を旺盛に楽しむ民族だと考えられています。食べることを愛し、歌うことを愛し、愛することを愛する。しかし、当たり前ですが、すべてのイタリア人は個人として違うわけです。旺盛に人生を楽しむイタリア人の平均的なモードについていけない、例外的で暗いイタリア人だってたくさんいるはずです。そういう人がひきこもりになったりする。だから、「国民性が明るいからひきこもりが少ない」などと安易に言えないわけです。

M・C　「ひきこもりイタリア」のウェブサイトに書いたように、私はひきこもりの定義を次のようなものだと考えています。

「ひきこもりとは、近代的な個人主義社会に典型的な、社会における自己実現という過度な圧力に反応して活性化される、人間の対応戦略である」

これは叩き台にすぎません。どう思いますか。

ぼそっと　その定義はよく考えられていて、今のところ、他に良い定義が浮かびません。しかし、私自身の人生にあてはめて考えると、なんだか違う気もします。

M・C　あなたがひきこもりになっていった半生には、私も深く考えさせられます。家族や、教育のスタイルといったものが、どのようにひきこもりの形成に影響するのか、私はまだそこまで理解できていません。私が知るイタリアの親御さんたちは、ひきこもりとなった息子や娘のために、本当に日々格闘しています。彼らは大いに自分たちを責めてもいますし、子どもさんたちへの深い愛情や強い忍耐心を持ち、理解しようと精一杯努めてもいます。だから私は、彼らの教育のスタイルが間違っているとは一概に言えないのです。

ぼそっと 親の教育態度が正しいかどうかを外から論評するのは難しいでしょうね。親御さんたちがあなたに見せている態度と、実際に子どもに見せている態度は違うかもしれませんし。私が子どものころの日本では、どんなに虐待的な育て方でも、それを「しつけ」と言いさえすれば社会的に認められました。

M・C あなたがいつかおっしゃったように、ひきこもりは白か黒かではなく、スペクトラム（連続体）です。それぞれのひきこもり人生の背景には、それぞれの成育歴、それぞれの理由があり、その結果、たくさんの異なったひきこもりのタイプがいるのでしょう。

ぼそっと ひきこもり界でもっとも非生産的なのは、ひきこもりの定義を作ったあげく、「あいつはひきこもりじゃない」などと、ひきこもり同士が排除し合うようになることです。私はひきこもりの完璧な定義を作ることは不可能だと思います。「友達の定義」などと同じように、ひきこもりの定義も人それぞれだからです。もっとも、人によって違っているようでは「定義」とは呼べないかもしれませんが……。でも、不可能なことを試みているあいだに多様性を認めたほうが、あえてひきこもりの嫌う言葉で言えば「生産的」なのではないでしょうか。

世界のひきこもりの共通点とは

M・C　ひきこもりの多様性を認めると同時に、世界中すべてのひきこもりに共通するファクターというものがきっとあるはずだ、と私は考えています。現代社会を突き動かしている力学《ダイナミクス》の中で、それがいったい何であるかを私たちは探らなければなりません。

ぼそっと　壮大な探求ですね。

M・C　今と昔では社会の何が違うでしょうか。たぶん、競争でしょう。達成へのニーズ。そして、その結果としての圧力。大きなプレッシャー。「ひきこもり」現象とは、それらの変化への「揺り戻し」や「副作用」ではないか、というのが私の仮説です。

ぼそっと　説得力がありますね。しかし私が子どものころ、日本は高度経済成長の真っ只中で、競争はある意味で今よりももっと厳しかったかもしれません。私自身はあまり有能ではないので、競争が好きではありませんでした。けれども私の母は、私の主体を剥奪《はくだつ》し、しきりに競争させたがりました。母は彼女自身の代わりに、私に競争してほしかったのでしょう。たとえ、私がひきこもりにならず、社会的なエリートになっていたとしても、このような成育歴の結果、私は私を生きられず、母の自己実現の像を生きるだけの人生になっていたことでしょう。

M・C　ふむ……。

ぼそっと　「なぜ人はひきこもりになるか」という問題を考えるときに、世界中のひきこもりに共通するファクターは社会的力学だけではないと思います。そこには母子関係が深く関わってくるでしょう。マクロな社会だけでなく、ミクロな社会、すなわち家族の中の政治力学にも、私たちはもっと光を当てなくてはならないと思うのです。

M・C　そうやってあなたが「家族」と「社会」を対峙させるとき、たとえば田舎の村のように小さな「社会」のことはどのように考えていますか。

ぼそっと　良い質問ですね。今ここでは、小さな村のような地域社会のコミュニティは、「社会」というよりもむしろ、「家族」のようなものとして捉えています。なぜならば、その場合「村」には、家族と同じような一定の閉鎖性があるだろうからです。ドイツ語でいうゲマインシャフト[07]ですね。かたや、一般に「社会」というと、もっと外へ開かれているイメージがあります。家族との関係は良いのに、地域社会に虐待されてひきこもりになった人もたくさんいます。

M・C　一方では、家族と社会を切り離して考えることもできませんね。

---

07 **ゲマインシャフト（Gemeinschaft）**　社会学の用語で、打算抜きで自然に人が集まってできた共同体のこと。

ぼそっと　できないでしょう。家族も、生きている時代の巨大な社会的力学の真っ只中で暮らしていますからね。結局、私が言いたいのは、なんでもかんでも社会のせいにするわけにはいかない、ということです。ひきこもりを生み出す社会について語るのは良いけれど、それがひきこもりを生み出す家族について語ることから逃げるためであっては良くない、ということを申し上げたいのです。

M・C　目的と手段を取り違えるな、ということでしょうか。

ぼそっと　そう言ってもよいでしょう。同じ社会、同じ時代、同じ町で育っても、ひきこもりになる人とならない人がいるのですから。一人のひきこもり当事者として、ほとんど羨望のように外部に対して持っている印象ですが、ひきこもりにならない人たちの母子関係は概して健康的ですよ。

M・C　あなたは、母子関係がひきこもりの形成に深く関わっている、ということをおっしゃりたいのですね。

ぼそっと　そうです。若かったころ、自分の「母問題」について考えると、私はぞっとしたものでした。だから私は、なぜ私がこのようであるかを説明するもっともらしい理由を、しきりに社会などといった外側に見つけ出そうとしていました。しかし、それなりに歳をとってきて、私の中の「母問題」にメスを入れることが、次第にタブーではなくなってきました。すると、「母問題」こそが、三〇年以上もひきこもりをやっている私がなぜこのようであるかを説明する最大の要因であることが深く自覚されてきたのです。

M・C それは面白いですね。

ぼそっと 「ひきこもりになるのは母子関係が悪いから」などと短絡的に言うつもりはありません。母子関係の良いひきこもりもたくさんいます。良すぎて密着してしまっている人々もいます。

しかし、「母」という存在は、子どもにとって世界で最初に出会う他者です。代理出産で育ての母親以外の体内から産まれる人が増えたり、父親も子育てに参加したりして、人にとって母の比重が下がってきているように見る人もいますが、母との関係性が生涯にわたって無数の他者たちとの間に結ばれる人間関係の基本形である人は相変わらず多いことでしょう。「母」という語を、生物学的な母としてではなく、象徴的な母として捉えれば、その割合はさらに高まります。ひきこもりはたいてい、あまり多くの人間関係を持っていません。見かけ上は社交的なひきこもりもいますが、本当に深く交流している相手はほとんどいなかったりします。この「多くの人間関係を持たない」という関係性の持ち方には、母との関係性が何かしら反映されているのではないか、とも私は考えているのです。

このように、マルコ・クレパルディとの対話は最後に母子関係に辿り着いた。しかし、現代のような社会において、ひきこもりと父の関係はどうなのであろうか。そのことは、私のみならず多くのひきこもり当事者が疑問に思っていた。

のちに二〇一九年七月、ひきこもり当事者・経験者たちが発行している雑誌「ひきポス」[08]第六号において、「ひきこもりと父」という特集を組むことになった。ここでは延べ十数人が、子の立場から「ひきこもりと父」を論じている。私はそこに、以下のようなことを書いた。

> 今日、家父長制は諸悪の根源として語られることが多い。家父長制が批判され、父権的なものが忌避され始めたことによって、自由と力を得た人々も多いだろう。しかし、すべてのコインには表と裏がある。
>
> 過干渉とネグレクトが見かけ上は正反対であっても等しく虐待であるように、価値観を押しつけ子のすべてを否定するような暴君の父も、「父権的」であることを恐れるあまりすっかり透明人間になっている父も、決定権を持たされず妻のロボットのようになって子育てにいそしむ私の父親のような父も、ラカン派の精神分析において「父」の役割とされる「子に掟を授ける」という仕事をしない点ではすべて同じである。掟、すなわち生き方が提示されないから、子はどのように生きていけばよいかわからない。

となると、賢い子はリスクを冒さない。すると、何者にもならないで、ひきこもりになるのではないか。私自身はあまり賢い子どもではなかったが、ひきこもりになっていった原因には、少なからずそういった側面があったように思う。

また、支配的な態度をとりうるのはなにも男性だけではない。妻が夫を支配している夫婦関係も存在する。その場合、妻のエロス[09]が夫ではなく子どもに向いてしまうことがあり、それはたいてい過剰な支配や虐待のかたちを取る。すると、子は成人したときにひきこもりにならざるをえない。他でもない、私がそうであった。

08 **ひきポス（HIKIPOS）** 本書八五頁参照。

09 **エロス（Eros）** 古代ギリシャの時代には性愛を司る神を指したが、ここでは二〇世紀に唱えられた「生の本能」の意。

父との最後の電話

仕事らしきことをしているうちに、またしてもうつでつぶれ、三〇代半ばにして「ガチこもり」になったとき、私は「なぜ自分はいつもこうなるか」とつくづく考えざるをえなかった。二三歳でひきこもりが始まった時から数えれば三度目だった。そこで私はフロイトを読んで自分にセルフ精神分析をほどこした。すると、幼少期からの母親の虐待が私の問題の根底にあることがわかってきた。

となると、私のひきこもりは私一人の病ではなく、家族全体の構造からくる病だと言える。そこで私は「ふつうの人」として働けるようになるために、家族に家族療法につながってもらい、一緒に私のひきこもりを治していこう、と決心した。

そのことを家族、すなわち母・父・弟の三人に話すために、一九九九年五月に初めて家族会議を開いた。そこではまず、「うちにはこういうことがあったよね」「この家族にはこういうところがあるよね」と過去や現在についての事実認定から始めようとしたのだが、その段階で母がただちに不機嫌になった。

「いや、そんなことはない！　すべてはお前ひとりの問題だ」

と言うのである。権力者である母親がそう言うので、父親も弟もその見方に従った。

こうして家族は、私がひきこもりから脱するための協力を拒否しただけでなく、家族の中に虐待があったなどと不穏なことを言い出した私を、逆に家族から放逐するという挙に出た。弟を通して、

「二度と連絡してくるな」

と言ってきたのである。

しかたなく私は、家族で通院するつもりで予約を取っていた家族療法の治療機関へ一人で通い始めた。

二年が経った。やはりどうしても家族、とくに両親が参加してくれないと、その先の治療が進まないという局面がやってきた。主治医は診察室へ父を連れてくることを私に求めた。この家族療法の専門家は、おそらく外濠から埋めるつもりで、まずは母ではなく父を呼ぼうとしたのだろう。

しかし私は内心、舌打ちをしていた。

「この先生は私の家族をわかっていないな。うちの母親は、何でも自分が表に出て処理しないと

気が済まない性質《たち》だ。自分に隠れて何かが背後で進行しているとなると、たちまち嗅ぎつけて採めるのでは」

と思ったのだが、当時の私はまだ、「自分はただの当事者にすぎず、専門家のほうがよく知っている」などと考えていたので、おとなしく主治医の指示に従うことにした。主治医は専門家として得意げに「技法」を伝授した。

「お父さんを呼ぶときに、あまり強く押さないこと。電話をかけて、『もし診察室に入って、ぼくの主治医に会うのが怖いんだったら、近くの喫茶店でぼくと五分話すだけでもいいから、ぼくのために来てくれないかな』と言ってみなさい」

このような経緯で実家に電話をかけたのが、二〇〇一年一一月二三日、金曜日の午後八時であった。

久しぶりに実家に電話をかけるのは、たやすい作業ではなかった。番号をプッシュすれば電話は機械的につながるが、そこへ出てくるのは父とは限らない。

「母親が出たら何て言おう？　すでに父親が死んでいたらどうする？　仮に父親が生きていたとしても、電話で話せる状態でなかったら？」

当時は実家が名古屋にあり、東京に住んでいた私は実家の状況が何一つわからなかった。向こうの状況を事前に教えてくれる親戚もいなかった。親戚は皆、母の息がかかっていたからである。

私は父のことを情けなく思ってはいたが、それほど嫌いではなかった。母は家柄も学歴も父より上で、家族の中で自分の意が通らないと、すぐに狂言自殺をして周囲を慌てさせた。それが母の支配の方法だった。

八歳で弟ができるまで一人っ子だった私は厳しく育てられ、幼いころも何か好きなものを買ってもらったという記憶がない。勉強に必要なものは、望んでもいなくてもふんだんに買い与えられた。傍目から見れば、非の打ちどころのない中流階級の教育的な核家族であった。また私は、そうした家族像を演じるようによくよく訓練された子役であった。そのため私をかわいそうなどと思ってくれる他者は周囲にいなかったが、私は常に絶望していた。誰からも不幸と認めてもらえないことこそが、幼少期の私にとって最大の不幸だったかもしれない。

数秒の呼び出し音ののち、運よく父が出た。想像していたよりも、はるかに生気のある声であった。私は心ひそかにこれを喜んだ。父はこのとき六八歳になっているはずであった。

「ぼくは病気です。上京して主治医と会ってほしい」

と話を始めると、父は用心深く、

「病名は何だ」

と訊いてきた。

病名か。私の病名は何なのだろう？　「家族の病気」というのは病名ではない。私がつらい症状は、なんといってもうつである。しかし今日、うつ病ほど「仮病」だと思われ軽んじられる病気も他にない。そんな説得力のない病名を、私だって好んで掲げたくはない。

もしここで私が、たとえば末期がんとか、今にも死にそうな内科的な病名を掲げたならば、父は私の求めに応じて主治医に会いに来るにちがいない。親としての体面を果たすため、息子が死ぬ前に一度だけ主治医に顔を見せておこう、などと考えるのではないか。うつ病も、本当は十分に「今にも死にそうな病気」に入るのだが、メンタルな病気ではやはりダメなのである。だからといって、父をおびきよせるために今にも死にそうな内科的な病気を詐称する気にはなれなかった。それでは、「死ぬ、死ぬ」と叫んで家族を慌てさせ、わがままを通してきた母親と同じになってしまう。

私は父に、このように答えてみた。

「病名は主治医から直接聞いてほしい」

すると、父は仕方なさそうに、「じゃあ、そうするか」と引き下がった。

「お父さんの体調は悪くないの？」と案じてやると、「そうだね、相変わらず血圧と尿酸値は高いが、上京できないほどひどいわけじゃない」と父は答えた。その言葉の裏には、上京して私と一緒に主治医に会いに行く意思が感じられた。

「そう。それはよかった。じゃ、いつにする？」

「そうだな。じゃあ、予定を調整してみるから、来週のこの時間にまた電話をくれ」

「来週のこの時間だね。わかった」

こうして一回目の電話は尋常に終わった。それはまるで、ごくふつうの父と息子の会話のようであった。

ぴったり翌週のその時間、私は再び実家へ電話をかけた。今度は、電話に出るのは父だとわかっていたので、前回より気が楽だった。

「もしもし、ぼくだけど。上京してぼくの主治医に会ってくれる話はどうなった？」

すると父はあっさりと、まるで前の週の会話などなかったかのようにこう言ったのである。

「ああ、あれか。行けないね」

耳を疑う、とはこういうときのためにある言葉だろう。私は耳を疑って、口早に言った。

「行けない？　……行けないって、どういうことだよ」

「いやー、なんか調子悪くってねえ」

調子悪い？　大丈夫だと、先週言ったばかりじゃないか。それに今だって呑気な口調で、まったく不調は感じられない。

だいたい「なんか調子悪い」っていうのはなんだ。「なんか」って。本当に調子が悪いのなら、どこが調子悪いか、具体的に言ってみろ。

いやいや、ここで苛立ってはいけない。私は家族療法の専門家に与えられた「技法」を投入することにした。満を持してとっておきの抑えのピッチャーをマウンドに送り込む野球監督とは、さぞやこういう気持ちであることだろう。

「あのう……もし診察室に入って、ぼくの主治医に会うのが怖いんだったら、近くの喫茶店でぼくと五分話すだけでもいいから、ぼくのために来てくれないかな」

父は答えた。

「う〜ん、無理だな」

にべもなかった。期待のピッチャーがあっさりと逆転ホームランを打たれたので、私は慌てた。

「無理って……いったい何が無理なんだよ」

「まあ、また連絡するから」

「また連絡って……いつ？　次の機会なんてあるの？　そもそも、ぼくの連絡先、知ってるの？」

父も母も、そのときにかけている私の電話番号を知らないはずであった。二年前に家族から放逐されたあと、私は通院に便利な部屋に引っ越していた。「連絡してくるな」と言うので、新しい住所や電話番号は教えていないし、このときも部屋の固定電話から番号非通知でかけていた。

「あの〜、もう切るからな。切るから。身体に気をつけてな。病気なんかしないように」

「え、病気なんかしないように？　あの、今病気だから、電話かけてるんじゃないか。病院に来て、主治医に会ってほしいって言ってるんじゃないか」

「え、そうか？　んじゃあ、まあ、切るから」

父は何かに急かされるように、一方的に電話を切った。

一回目と二回目の電話のわずか一週間で、いったい父の心境にどういう変化があったのだろうか。じつは、それは容易に想像がついた。どうせこんなふうに、母が父を脅したにちがいない。

「あの子、病名を言わないところをみると、きっとまた精神科よ。あの子の言うままにそんなところへ行ったら、あなた、家の中のことを全部しゃべらされちゃうわよ。うちの家庭に何かまずいところがあるということにされたらどうするの？　わたしは別にかまわないけど、きっと困るのはあなたよ。きっと牢屋みたいな閉鎖病棟に入れられて、もう一生、出てこられなくなっちゃうのよ」

家庭内でいつも繰り返されてきたパターンなので、母と父のあいだで交わされる会話を、私は容易に想像できる。母は決して「わたしが責められるのは嫌だから、あの子の病院には行かないで」などと父にお願いをする人ではない。相手にお願いをしたら借りができる。だから、「わたしは別にかまわないけど」とまるでそこには自分の弱みがないかのように余裕を装って相手を従わせるのである。

予想通り、その後、父から「また連絡」がくることはなかった。あれが私にとって父の声を聞いた、最後になった。

パナマ共和国のひきこもり **ヨスー**の場合

ぼくはゴミだ。カスだ。負け犬だ。このままでは死んでしまう。

そろそろ本書が完成に近づいた二〇二〇年八月になって、一通のメールが中央アメリカのパナマ共和国から届いた。差出人のヨスーという二六歳の男性に心当たりはなかった。なんでも、私が「ひきポス」に出した手記の数々を読んで触発され、自分も書いてみたので読んでほしいと言う。

あまり期待せず読み始めたのだが、まもなく私は引き込まれていった。自分の成育環境を客観的に振り返る彼の眼は、やがて自身の内奥へと入っていき、感情のうねりを描き出す。初めは読者である私に向けて語りかけていたものが、次第に独白であるのか母親への叫びであるのかわからないほど文体が交錯していき、そこに彼の葛藤と苦しみが大写しにされていたのである。

イエス・キリストの名を与えられて

あなたの手記[01]を読んで、ぼくは次の二つのものを得た。一つは、これだけ文化が違うのに、あなたとぼくの両親はとてもよく似ているという発見。もう一つは、あなたの言葉がぼくに与えてくれた自由。「こんなことも書いちゃっていいんだ。大人になったからといって、子どものころの感情や記憶に訣別せず、言葉で露出してしまっていいんだ」という自由さ。

北極から南極まで延びている南北アメリカ大陸は、ちょうど真ん中あたりでわずか幅六四キロメートルまで細くなる。パナマ地峡だ。その太平洋側の港町パナマシティでぼくは生まれ育った。人口四〇〇万人の小さな国、パナマ共和国の首都だ。

他の中南米の都市と同じように、パナマシティにも治安の悪いエリアがあるけど、中産階級であるぼくが住んでいるのは比較的に安全な住宅地だ。しかもぼくは一人っ子。そう聞くと、ぼくが恵まれた育ち方をしているように思うかもしれない。でも実態は悲惨だった。悲惨さが表に見えない。そこがまた、あなたの場合とよく似ているのさ。

ぼくのヨスーという名前は、このあたりに昔から住んでいる先住民族グナ人の言語でイエスを意味する。そう、キリスト教のイエスさ。大それた名前だろう？　こんな名前、とても名乗れたもんじゃない。名前負けして、ぼくは小さいころからいじめられた。両親はぼくにイエス・キリストみたいになってほしいと思ったのかもしれないけど、まったく冗談じゃないよ。

それでぼくは今や無神論者だ。ところが、熱心なカトリック教徒が人口のほとんどを占めるラテンアメリカで、無神論者として生きていくのは大変なことだ。ここでは無神論者はＬＧＢＴよりも疎外され排斥されている。

でも、ぼくの無神論を、周りの連中は誰一人ひっくり返すことはできなかった。ぼくは子どものころから、一人でいること、静寂、そして議論することが大好きだったんだ。

ぼくの父親はスペイン・フランスの少数民族バスク人で、父方の祖父母は今もバスクに住んでいる。母方は先住民族グナ人で、母は一〇人兄弟姉妹の末っ子だ。だからぼくには誇り高き先住民族の血が流れているんだけど、白人の血が半分入っているから、よく「白ん坊」といじめられた。これもまたぼくがひきこもりへ追いやられた遠因の一つだよ。

01 **あなたの手記**　本書の「父との最後の電話」（一五二頁）の文章のこと。なお、紙面の都合により複数のウェブ記事を統合・縮約してある。

母親の狂言自殺

父も母も、それぞれメンタルな問題を抱えている。とくに母親。グナ人の祖父は、一〇人の子どもたち全員を虐待した。たぶん同じことが祖先から祖父へ行なわれたのだと思う。虐待は何世代にも遡れる問題だ。

母親は何かというとすぐ狂言自殺をする。ここがまたあなたと共通しているわけだ。

今でもまざまざと思い出すのは、ぼくが一〇歳、母親の車に乗っていたときのことだ。海の真ん中を渡る高速道路の橋から、母親が突然スピードを全開にして車ごと海に飛び込もうとしたんだ。なぜそんなことをしたのかはわからない。ともかく、同乗しているぼくの人生のことなど母親の頭にはみじんもなかったことは確かだ。

ぼくはとてもショックだった。でも、似たようなことがよく日常的に起こっていたので、この程度のことでショックを受けるのを、どこかで自分に禁じていた。

こんなことをしでかしたあとも、母親はまるで何事もなかったように普段の生活に戻った。母親はいつもそうだった。そういう精神的虐待だけでなく、母親はぼくを打ち据えたりする肉体的虐待も日常茶飯事だった。でも、いずれの場合も、やはりそのあとで謝罪もなく、なぜあんなことをしたか説明してくれることもなく、ただ日常へ戻ってしまうんだ。

だからぼくもそうしてしまっていた。母親が何をしても何事もなかったように振る舞った。でも、傷つけられた立場でありながらそうやって母親の加害の隠蔽に協力することは、きっと無理があったんだ。ぼくの心の奥にはどす黒い負担が蓄積していった。

まだ子どもなのに、ぼくは独りこっそり酒を飲むことを覚えた。そうでもしないと、心も頭も爆発しそうだったからだ。安物のジンが簡単に手に入った。

父親は母親に対して、卑屈であるのと同時に虐待的であるとも言える。父親はおおっぴらに外へ女を買いに出かけていくし、どこか別の家には隠し子もいるらしい。父親は遊びに行く金が足りないと、息子のぼくに対しても金をせびり、ぼくは父親にいくらかくれてやったこともある。そのときも、寛大なぼくは金の使い道についていっさい詮索しなかった。まあ、父親が母親にどんな嘘をついても、ぼくはもうどうでもいい。ぼくの問題じゃないからね。

ぼくの両親は深く憎み合っている。だけど、家庭の外には奴らのような者に優しくしてくれる他人などいないということを知っているのか、両方ともかたくなに離婚しない。お互いに騙し合い、傷つけ合っているけど、夫婦として同じ家に住み続けているんだ。

ゲームとロック音楽に夢中

幼いころのぼくは、親の言うことを聞くように厳しく要求され、言うことを聞かないときには、だいたい週三回は容赦ない体罰を受けていた。ぼくの背中には、少年のときに母親によって創られた傷がいくつも残っている。肉体の傷は見せられるけど、もっと見せたい心の傷は他人に見せられない。それがもどかしい。いずれ将来、ぼくの両親は死に、ぼくの背中の傷だけが残るだろう。そして傷は、ぼくが死ぬまでぼくとともに生きるだろう。

ぼくはまた、他の子と遊びに行くことも許されていなかった。でも、家の中にいると、どうしても父親につきまとってしまう。父親はそれが嫌だったから、ぼくにパソコンを買い与え、ゲームのソフトをダウンロードする仕方を教えてくれた。ぼくはパソコンやゲームに熱中するようになり、友達と話す習慣を失った。

他のひきこもりはマンガとかアニメとか日本文化に夢中になるみたいだけど、ぼくはその代わりにロック音楽さ。八〇年代のポストパンク[02]や九〇年代のシューゲーザー[03]なんか最高だね。でもラテンアメリカの若者はほとんどロックを聞かない。

こんなふうに友達とは共通の関心事もないので、学校では何を話してよいか、どう振る舞ってよいかがわからず、同級生には溶け込めなかった。ここにもひきこもりになった遠因がある。

ゲームの音声が英語だったので、学校で習わなくても英語を独学できた。そのうちに、同じゲームの愛好者たちが集まるインターネット上のフォーラムに参加するようになった。ここがぼくの、外の世界との交流の唯一の窓口だった。学校では、成績がトップクラスだったけど、どんどんサボるようになっていった。

こうして一二歳までにぼくは完全に自分の部屋にひきこもるようになり、外出は絶えてしなくなった。

中学へ入ると彼女ができて、外出するようになった。それで少しは社交的になったけど、他の同級生に比べると、明らかに世間知らずで何事もぎこちなかった。そこでもっと年下の子どもたちと遊ぶようになり、友達もだんだん減っていって、一八歳になるころまでにはまた誰とも付き合わなくなってしまった。

昔の友達と関係を切ったわけではなかった。必要があれば出かけていって会うし、怖くて外へ出られないわけではないから、一人で外食したりもした。運動して身体も鍛えていた。こう

---

02 **ポストパンク（Post-punk）**　一九七〇年代後半に登場したパンクの後裔《こうえい》として、スカやレゲエなど他ジャンルの音楽を取りこみ一九八〇年代前半にアメリカで流行したロック音楽の一種。

03 **シューゲーザー（Shoegazer）**　一九九〇年代前半に流行したロック音楽の一種。エフェクトをかけたギター音、最小限のリフ、囁くように歌い上げるヴォーカルなどを特徴とする。

いう点から見れば、ぼくはひきこもりといっても「ふつうの人」だった。

うつからアルコール依存へ

一八歳で就職して、両親の家を出て一人暮らしを始めた。そのころは生産的な社会の一員だった。傍目には順風な生活に見えただろう。仕事をし、税金を払い、自分の生活を営み、運動をし、語学を勉強し、学位も取った。

でも、どの仕事も長くは続かなかった。それはひとえにうつのせいだ。ときどきやる気をなくし、動けなくなってしまう。何をやっていても他人の目が気になるんだ。「そんなものは気にしなければいい」と言われる。でも、気にしないで思うがままに振る舞うと、いつもぼくは問題人物になってしまうんだ。ぼくは何をやっても社会的にうまくいかないようにプログラムされているらしい。

そんなとき酒をあおると、気分がごまかせて仕事にも行けた。酒が効いている間は他人の目が怖くなかった。仕事するときには酒が手放せなくなり、二〇歳になる前にアルコール依存症になっていた。そのうち、酒だけでは飽き足らず、鎮痛剤に手を出し、やがてもっとハードなドラッグに溺れていくことになった。

ドラッグを手に入れるのは簡単だ。ある街路の隅っこへ行って、そこに立っている人と握手をして住所を告げ、あとは部屋に帰って待っていればいいのさ。とくにひきこもりにとっては、酒や薬を届けてもらえるのがとてもありがたい。

仕事をしている間のぼくの毎日はこんなふうだ。朝起きて、酒を飲んで、仕事に行って、部屋に帰ってきて、酒とドラッグをやって寝る。クビになったあとは、朝ではない時間に目を覚まして、酒を飲んで、ドラッグをやって、いつのまにか眠っている。その繰り返し。

外に出なくても、外ではいつも人々がぼくに後ろ指をさして何か言っている気がする。何をやっても他者はぼくをあざ笑うんだ。そんな多くの他者たちに、ぼくは一人で立ち向かえるわけがない。そこで降参の白旗を掲げ、おとなしく酒やドラッグに自分を委ねるんだ。こんなぼくはゴミだ。カスだ。負け犬だ。

酒とドラッグは大事な逃げ場

こうして一人暮らしもままならなくなり、仕方なく二六歳で両親との同居生活に戻ったんだけど、これがまた地獄なんだよ。

母親が部屋の外で怒鳴っている。

「なんでお前はもう五日も部屋から出てこないんだ。いいかげんにしろっ！」
だってさ。母さん、お願いだから、やめてくれ。わかってくれよ。ぼくは苦しみから逃れようとして、この部屋の中で独り静かに酒とドラッグをやっている最中なんだよ。こうしていると苦しみを感じない。こうしていると友達がいるような気がするの。愛する家族がいるような気がするの。人生に成功しているような気がするの。みんなに愛されているような気がするの。だから母さん、静かにして。

でも、お花畑はしばらくの間しか続かない。何度も何度も使い続けなければならない。最近は食欲もなくて、かつて運動していたころに比べると、体重が三〇ポンド[04]も減って、筋肉もすっかり落ちてしまった。それでもぼくはほとんどの時間、泣きながらひきこもり、酒とドラッグに費やしている。

自傷行為は狂気の沙汰だ。それはぼくもわかっている。でも、やらずにはいられないんだ。必要以上にドラッグを吸引したり、鎮痛薬を飲んだり、酒と混ぜてみたり、いろいろやっている。わざと過剰服用《オーバードーズ》して、しばらく死んだように眠り続け、起きたらまた酒とドラッグに手を伸ばす。

ある友達が、
「お前から酒とドラッグを取り上げてやろうか。そうすれば、お前は人生を立て直すんじゃないか」

と言ってきた。

待ってくれ。そんな恐ろしいことを言わないでほしい。ぼくには逃げ場が必要なんだ。少年のころはゲームが逃げ場だったけど、それが今では酒とドラッグなんだ。虐待される習慣が身に染みついて、今では自分で自分を虐待するようになっているんだ。

精神医療に助けを求めようと思ったことも何回かある。どの精神科医も、一通りぼくの話を聞いて、「きみは頭が良くて、狡猾で、そして葛藤を持っている」と言うだけだった。だから何だというんだ。医療費を返せ。これだから第三世界の精神医療はクソなんだよ。

でも、このままでは、ぼくは死んでしまう。

もう立ち直れないかもしれないと思いながらも、酒とドラッグで一時的なやる気を起こさせて、就職するための履歴書をあちこちへ送り続けている。正直言うと、心の底では「ふつうの人」の生活がしたいとも思ってるんだ。

たとえ人生が無意味で不条理なものであっても、あるいは、たとえ人生のあとにやってくる死が何ら希望をもたらさない永続的な無であっても、今生きている間に小さなことを楽しめる

04 **三〇ポンド** 約一三・六キログラム。

ようになれたらどんなにいいだろう。働くことで外の世界との交流を楽しめるようになれたらどんなに素晴らしいだろう。こういうことは、ぼくの人生では不可能な高望みなのだろうか。

そこで先日、ぼくは母親と対話してみようと試みた。なぜなら、母親のほうからめずらしく、

「お母さんはね、お前を助けてあげたいだけなのよ」

などと優しげに言いながらぼくに近づいてきたからだ。そこで、ぼくのうつがどのように始まったかを話してみた。すると、母親は五分もしないうちにぼくの話を打ち切り、

「そんなの全部、お前自身のせいだろ！」

とわめき始めた。

話を最後まで聞き、肩の一つでも温かく抱いてくれればよかったんだけど。これでは対話なんかとうてい無理だ。ぼくは本当に傷ついた。一瞬でも母親を信じたぼくが馬鹿だったんだ。これからはもう絶対に母親を信じまい、とぼくは固く心に誓った。

ヨスーの手記はそこで終わっていた。あたかも酒とドラッグの酩酊にまかせて書きなぐり、そのまま寝てしまったように。

ヨスーは、私の言葉が彼に自由を与えたと書いている。しかし今度は、ヨスーの言葉が私に

自由を与えていた。読み終えたあと、私は何かから解き放たれた感覚に身を浸していた。これまで取り出さなかった固い記憶が、ヨスーの言葉に導かれて、今の世界の表面に少しずつ流れ出てきていることからくる感覚だった。

思えば、私も母親の虐待からやってくるうつや強迫が苦しくて、一六歳のとき父親が台所の棚に隠していた安物のウイスキーを盗み飲みするようになり、二〇歳になるころには下宿で独り、昼間から浴びるように飲んでいた。母親との関係も、あまりに共通点が多い。

ヨスーの手記には、彼が陥っている泥沼のような葛藤と苦悩が描かれているわけだが、それらはきっと、以前は言葉にされる契機すら与えられていなかったのだ。二人のひきこもりの言葉は地下茎を通って地球を半周し、お互いに契機と力を与え合った。

フランスのひきこもり　アエルの場合

ひきこもりになって ぼくはようやく自分を生き始めた。

アエルは、GHO（世界ひきこもり機構）の創設メンバーの一人である。

以前から、「海外にもひきこもりはいるにちがいない」と確信していた私は、インターネットで海外のひきこもりのネットワークについて調べていた。そして二〇一六年に見つけたのが「ひきこもりたちのフォーラム」（本書一九頁参照）という、フランスのひきこもりたちの団体であった。

アエルは、「ひきこもりたちのフォーラム」の管理人をしていた。

初めは私が彼の話を聞いてインタビュー形式にまとめることを考えたが、二〇一七年四月、彼が自らペンを執り、半生の記を書いてくれることになった。

よく「ひきこもりの解決」ということが語られる。そして、それはたいてい「ひきこもりから脱すること」を意味する。しかしアエルの場合は、「ひきこもりになること」が彼にとっての諸問題の解決であったと思えてならない。

幼少期に受けた性虐待

ぼくは人口一万人ぐらいの南フランスの小さな田舎町に住んでいる。うちはそんなに金持ちじゃないけど貧乏でもない。庭には小さな丸太小屋があって、そこがぼくのひきこもり場所だ。夜もそこで眠る。窓は閉め切っているから、中は昼でも真っ暗さ。人が寄ってくると嫌だから、庭の入り口には、

「通り抜け禁止！　ひきこもりがいます。噛みつくかもしれません。注意！」

という立札を立てようと思っている。

望ましいひきこもり支援のかたちだって？　ぼくにとってはコンピュータが最高の支援さ。ぼくはコンピュータによって生かされている。ぼくの物の考え方、世界の感じ方は、みんなコ

ンピュータから学んだものだ。コンピュータが無くなったらもう死ぬしかない。幼いころに、パパと一緒にコンピュータの使い方を勉強した。パパがぼくにコンピュータへの道を開いてくれたんだ。

ぼくがひきこもりを始めたのは一四年前、一九歳のときだけど、ひきこもりになった原因は五歳のころまで遡《さかのぼ》る。あのころ両親は働いていて、ベビーシッターがぼくの面倒をみていた。ところがこのベビーシッターがぼくを性的に目覚めさせたのさ。五歳にして、ぼくは女性の性器の舐め方を学習させられ、彼女の弟も交えてお互いに性的な刺激を与え合うことを強いられたんだ。

しばらくして、ママが車の中でぼくに訊いた。

「ちょっとお前、変なことを訊くけど、ママがいない間にベビーシッターのお姉さんと何をやっていたの？」

ぼくは何らためらうことなく、無邪気に「ファックだよ」と答えた。まさかそれがやってはいけないこと、言ってはいけない言葉だとは知らないままに。

するとママは、「そんな悪い言葉を口にしてはいけません！」と激しく叱り、その上ベビーシッターのお姉さんとの間に起こったことも、全部ぼくが悪いことになって一件落着したんだ。

この事件のあと、ぼくは場面緘黙症《ばめんかんもくしょう》になり、自閉的な傾向を持つようになった。さらに耳がよく聞こえなくなった。

学校に入ると、ぼくがよく授業を聞いていないということで教師たちがキリキリしたけど、先生の言葉は部分的にしか耳に入ってこないから、ぼくが授業の内容をよく理解できないのは当たり前だった。

やがてぼくは自己流で読唇術《どくしんじゅつ》を身につけ、相手のしゃべっている口の動きや表情などから言っている意味を少し汲み取れるようになっていった。

しかし結局、ぼくは、「理解力の悪い子ども」という扱いを受けた。無知で無能な子どもとして周囲に扱われたんだ。

あるとき、良い先生に出会った。その先生はぼくの異常に気づいた。ぼくが先生の言うことを理解するとき、言葉を聞いて理解しているというよりも、唇の動きを見て理解しているということに気づいたんだ。

彼女はそのことをぼくの両親に告げた。両親は慌ててぼくを耳鼻科の病院へ連れていった。内耳の大きな手術が必要だ、ということになった。ぼくはとても痛い手術を受けた。

その手術の体験がトラウマの一つとなって、耳に何かが触れることがいまだに怖くて仕方がない。

バニラの味は嫌い

その後、一二歳になったとき、「親友」ということになっていた一七歳の男の子から、再び性虐待を受けることになった。

彼の母親もかなり狂っている人だった。彼があんなふうだったのは母親にレイプされたせいだと聞いても、ぼくはまったく驚かない。むしろそうだったほうがいろいろなことに説明がつくんだ。

ともかく彼は、「友情のしるし」としてポルノ画像を二人きりで見ることを要求してきた。ぼくは気が進まなかったけど、彼から関係を断ち切られるのは嫌だったので従った。彼はたった一人の「友達」だったんだ。

それからというもの、毎週末、彼による「性教育」がぼくに施された。性器を彼にこすられたり、彼の性器を舐めさせられたりした。ついには彼は自分の性器をぼくの肛門に入れた。そして、もし「友情」を失いたくなかったら、このことは絶対にぼくの両親に言ってはならない、と口止めされた。

彼はしきりにぼくの性器を摩擦したけど、ぼくはまだ一二歳で何も出てきはしなかった。最悪なのは、彼はぼくに惹かれていたのではなく、ただぼくの身体を弄《もてあそ》び、性の玩具として利用しただけということなんだ。

ぼくはいまだにバニラの味が大嫌いで、臭いを嗅ぐだけで吐きそうになるんだけど、それは、彼がぼくの口につっこんだモノにかぶせていたコンドームがバニラの味だったからだ。

ある日、ママが急に家に帰ってきて、ぼくたちがポルノを見ながらお互いの性器を触っていたところへ入ってきた。

「何やってるの、あんたたち！」

彼は慌てて自分の家へ帰っていった。

「あの子を二度とこの家に入れてはいけません」

とママは言った。結局、ぼくが彼を家に引き入れていたからいけないんだ、ということで、すべてはぼくのせいになった。ぼくはいたわられることもなく、責められるばかりだった。

こうして、一番仲の良い友達だったはずの年上の子が性虐待の加害者として遠ざけられ、ぼくはいきなり独りになった。

誤解が誤解を生んで

いまさら友達を作ることなんかできなかった。ずっと独りで遊んでいた。ときどき外に出かけていっても、公園のベンチに座り、ただ地面を観察していた。

学校でぼくはいつも級友たちから「変な奴」という目で見られていた。なぜって、いつも独りで遊んでいたからだ。

ぼくはしゃべらなかった。運動もできなかった。耳が悪いから平衡感覚に乏しい。それに、あとから検査でわかったことだけど、膝の半月板がうまく足の骨にくっついていなくて、運動しようとすると膝が痛くて仕方がなかったんだ。

こうしてぼくは、サッカーをはじめとする、同学年の子どもたちが興味を抱くスポーツにも縁がないまま、ひたすら孤立を深めていった。

学校の先生たちも誰一人味方になってくれなかった。ぼくは、ときにはクラスで一番の成績を取り、ときには最下位を取った。先生たちは、なぜこうなるのか、さっぱり理解できなかったようだ。ぼくの成績が下がる理由が、うつという病気のせいだと考える頭がない。彼らが辿り着くのはせいぜいこんな結論だった。

「この子はやればできるのに、ときどき怠けるから成績が下がる」

そして、「もっと勉強しろ。キミはできるんだから」とお説教が始まる。さらに、「他の子どもたちの中へ溶け込む努力をしていない」などと言うのだった。

年頃になると、一人の女の子が「一緒に映画に行かない？」と誘ってきた。耳がよく聞こえないぼくは、彼女の口の動きを見て、映画に誘われていることは理解した。でも友達と付き合ってこなかったので、彼女の真意までは把握できなかった。

「一緒に映画へ行ってどうするんだ?」

彼女がぼくと親密な関係を築きたいと望んでいるなんて思いもよらなかったのだ。このときぼくの頭の中にあったのは、

「どうせ、いつかのあの年上の友達のように、こいつもぼくを性的に利用してポイと捨てるつもりなんだろう」

という警戒心だけだった。

ぼくはこう悟ったのだ。

「他者がいる空間では、ぼくは決して幸福になれない」

そんなぼくが、唯一心を許せるのはコンピュータだった。

コンピュータは、ぼくを傷つけることがなかった。コンピュータは、自分の延長のように感じられた。コンピュー

アエルの作品「夜の森」

タ言語は、まるでぼくの母語のようだった。

絶対に他人が入ってくる恐れのない、庭先に建てたひきこもり小屋の中で、ぼくは画像編集ソフトを自由に使いこなしてデジタル画を描き、自分の世界を表現していった。初期の作品は、どれもこれも悲しい絵画ばかりだった。血に満たされたバスタブ。首吊り用のロープがぶら下がっている家。空が割れ、崩壊していく世界……。もちろん、それらを他人に見せることはなかった。

デジタル世界の中で起こるエラーは必ず、ぼく自身が何らかのかたちで起こした間違いの結果だけだった。つまり、自分が引き起こしたのではない間違いは、ひきこもり小屋の中では決して起きないのだ。そこにぼくは安寧を感じることができた。そこは他者におびやかされない繭《まゆ》であり、宇宙だった。

ドラッグに誘われて

ぼくはコンピュータに関することなら、高校の情報科の先生にさえ、逆に教えてあげられるほどよく知っていた。そのことを知った両親は、ぼくが一八歳になるとコンピュータの専門学校へ入れた。

新しい女の先生が教室に入ってきて、彼女がぼくたちに画像編集ソフトのフォトショップを教えてくれることになった。ところが授業が始まってみると、彼女のフォトショップに関する知識はぼくの足下にも及ばなかった。そこで、彼女の授業ではいつもぼくが、彼女にフォトショップの使い方を教えることになった。彼女にとっては良い時間だった。だって、国立大学では教えてもらえなかったことを、給料をもらいながら生徒から教えてもらえるのだから。

その教室で、ぼくは一人の「友達」に出会った。ぼくは彼から誘われて、たちまちドラッグにはまった。初めは吸い方もわからなくて、紙に巻いて吸うことをせずに、ボン[01]から直接吸おうとした。たちまちむせて涙が出た。そんなぼくを見て彼は笑った。ぼくも笑った。なんだか嬉しかった。

自分がドラッグにはまっていくことはかまわなかった。だって、彼は実に久しぶりにできた「友達」

01 **ボン(bong)** 通常、ハシッシ(大麻製品の一種)を吸引する時に使う小壺のような器具を指す。

アエルの作品「世界に死を」

だったからだ。

ぼくは難なくコンピュータの資格試験に合格した。コンピュータのプログラミングの試験に特有の意地悪な引っかけ問題がたくさん出てきても、持ち前の猜疑心を持ってすれば、引っかけを見破ることなど朝飯前だった。全問正解だった。

試験も終わったので、その「友達」と一緒にクルマに乗って、この地方のいちばんの大都市マルセイユへと向かった。ドラッグの仕入れが目的だった。

ドラッグは、初めはほんの興味本位だったけど、だんだんとなくてはならないものになっていった。

「おれも連れていけ」

「わたしも連れていって」

マルセイユ行きの車には、次々に「友達」が増えていった。みんな、ぼくのことを「友達」と呼んでくれた。それが嬉しかった。

「小さいころは『友達』ができなくて寂しかったのに、ドラッグを吸うようになったらこんな

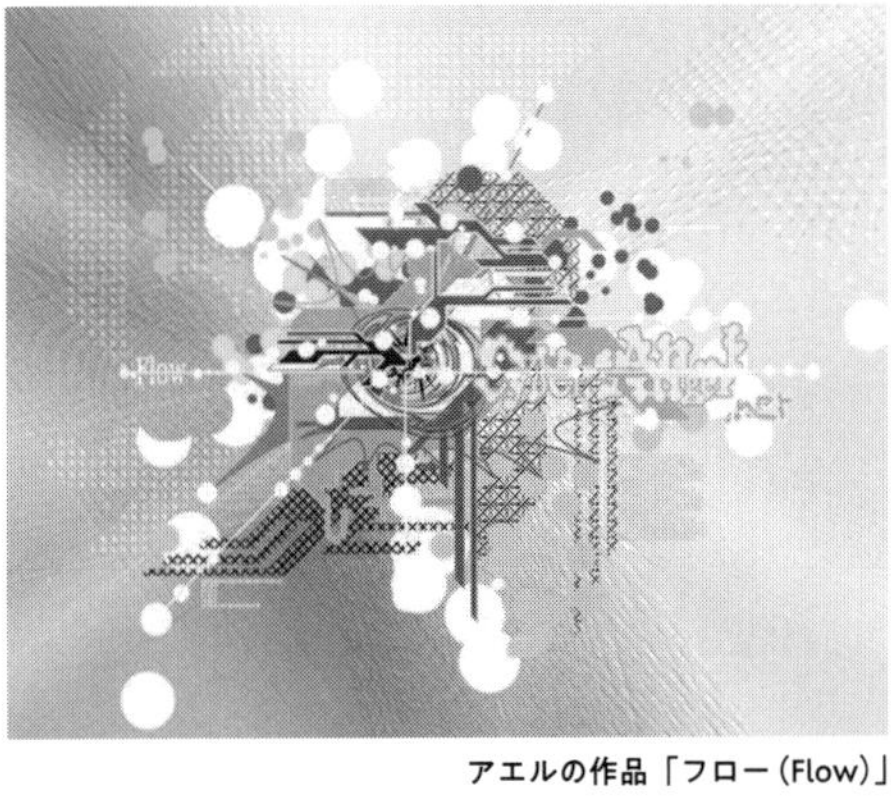

アエルの作品「フロー（Flow）」

にたくさん『友達』ができるなんて……」とぼくは喜んでいた。

みんなで毎週末、ぼくのクルマに乗ってマルセイユへ出かけていっては、ドラッグを大量に買い、吸って、一緒に良い気分になっていた。

ドラッグで頭がイカれて、そのままみんなでいろいろイカれたこともやった。ぼくはとくに同性愛者じゃないけど、まあ、ふざけていろいろそういうことも。

そうこうしているうちに一人の女の子が近寄ってきた。その子はあんまりぼくのタイプじゃなかったから初めは避けていたけど、それでも彼女は諦めなかった。拒んでいたはずなのに、ドラッグで頭がイカれているうちに、いつのまにかぼくは彼女の言いなりになっていた。

その感覚にはどうも覚えがあった。小さいころ、ベビーシッターの女性に性の玩具にされていたときの、あの感覚だった。

「ぼくはもともと性の玩具になるためにプログラムされた男にすぎなかったんだ」

などとすっかり諦めて、なされるがままになっていた。

こうしてぼくは、その女の子と付き合うようになった。デートするたびにドラッグを買いに行って、どんどん脳神経をダメにしていったのさ。

用無しになったぼく

こんな生活にも、やがて終わりを告げるときがやってきた。ぼくがクルマで事故ったのさ。いや、事故って言ったって、たいした事故じゃない。ドラッグをやっている最中に事故っちゃったわけだけど、命に別状はなかったし、怪我らしい怪我もしなかった。ただ、クルマがもう使い物にならなくなった。

こうなると、ぼくの「友達」たちはみんな、マルセイユへブツの買い出しに行くための交通手段がない。ぼくのクルマがただ一つの頼りだったんだ。

もうクルマが使えないとなると、彼らは途端にぼくに声をかけなくなった。何のことはない、彼らがぼくのことを「友達」と呼んでいたのは、ぼくがクルマを持っていて、アッシー君だったからだ。そのことに初めて気づいた。

寂しくなったので、それまであんまり好きじゃなかった彼女に助けを求めた。ところが彼女も、

アエルの作品「竜の天使」

「ごめん。もう会いたくない。二度とコンタクトしてこないで」というメッセージを送ってきて、それきりぼくの人生から消えた。

ぼくは彼らがさかんに口にした「友情」という言葉の本当の意味を知り、自身に対する認識を新たにした。

ぼくは客体だった。ぼくは対象だった。「本当の友達」に囲まれて生きるなんてことは、幻想でしかなかったのだ。そしていつも、すべてはぼくのせいになるのだった。

ぼくを「友達」などと呼んでいた奴らとの関係を切り、マルセイユへ引っ越して、ルームシェアをして暮らすようになった。ルームメイトはぼくにいっさい関心を示さない奴だった。それがぼくには心地よかった。

でも、そのうちにまた友達が欲しくなった。専門学校でマリファナを吸う仲間を見つけ、彼と毎日、昼食の時間に学校から街へ出た。疲れて学校に帰ってきて、教室ではもっぱら寝た。もう何もかもどうでもよかった。

二年生になると、ぼくは専門学校の授業にも出ていかなくなった。一日中、下宿にひきこもるようになっていた。すでにこのころから、ぼくは立派なひきこもりだったんだ。

でも、マリファナが吸える機会にだけ、ぼくは出かけていった。ぼくはどんどん食事をしなくなっていった。週末は郊外にある両親の家に帰ったけど、様子を尋ねる両親に対してぼくは、マルセイユでの下宿生活を「楽しんでいる」様子をさかんに演出した。

両親はぼくの本当の生活を知らなかった。本当のぼくは、毎日マルセイユの下宿で、寂しさを抱きしめながら一人ひきこもっていたのに。

そんなある日、ぼくは二箱の睡眠薬を飲んで自殺を図った。

何度も言おうとしたのに

薄らいだ意識の中で憶えているのは、日頃ぼくに無関心だったルームメイトが通報して、消防士たちが部屋に突入してきたことだ。

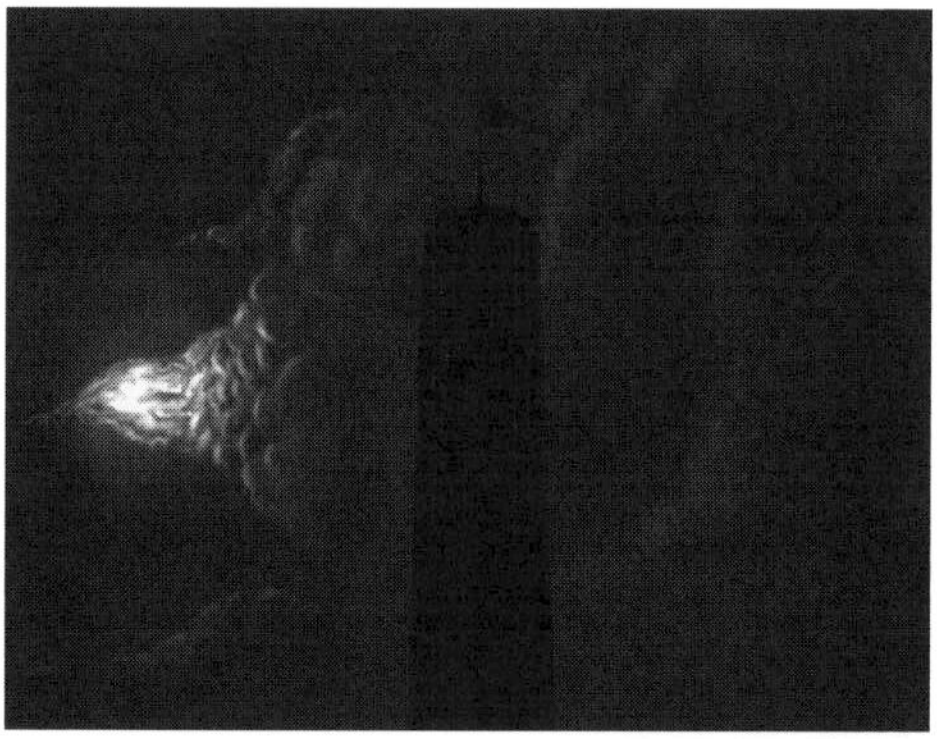
アエルの作品「夜の陰」

それから二週間、ぼくはこんこんと眠り続けた。退院したとき、パパが姉を連れて小さな車でやってきて、ぼくを郊外の実家へ連れ帰った。パパは言った。
「よし、わかった。もう私はお前には何も期待しない。なんでもお前が好きなようにやりなさい」

しかしママはどうやらぼくへの期待が捨てきれなかったと見えて、ぼくを精神科に通わせようとした。ぼくは頑固に抵抗した。あんなところは始末に負えない異常者が行くものであって、ぼくのように精神が正常な者が行く必要はないのだ。

「それなら他の学校へ行きなさい」とママは言い、ぼくは他の専門学校へ入れられた。仕方なくしばらくそこへ通ったけど、いいかげん我慢できなくなったから、

「ママ。これ以上、ぼくを学校に行かせようとするなら、自殺してやるからな」

と言ってやった。

そんな口喧嘩が何度かあったあと、ぼくは庭へ下りていって、ママの目の前で毒性の植物をのみこんで、自殺を図った。毒は弱く、ぼくは死ぬには至らなかった。

似たようなことが繰り返され、両親と大喧嘩をしたある日、ぼくは勢いで今まであったすべてのことを語ってしまった。

幼少期に受けた性虐待。うつ状態。子どものころからつきまとう自殺願望。ぼくが受け続けてきた不正義と不条理……。そういうことのすべてを、一気に両親にぶちまけてやったのさ。

ママは言った。

「なぜもっと早く言わなかったの」

ぼくは答えた。

「何度も言おうとしたさ。でも、そのたびにママはぼくの言うことなど聞いてくれなくて、ぼくを叱りつけるだけだったじゃないか！」

この夜から、両親は静かになった。もう家の中では激しい口喧嘩も起こらなくなった。

母親は庭先に小さな丸太小屋を建て、そこをぼくの住処《すみか》としてくれた。金持ちじゃないけど、田舎の家なので庭が広かったことが幸いした。

このひきこもり部屋の中で、ぼくが自立心と勇気を培ってくれるようにとママは願っていたらしい。でもぼくは小屋の中を真っ暗にして、インターネットの大洋へ漕ぎ出したのさ。

ひきこもりはもう尊敬されない

それから一四年が経つ。

歴史を振り返れば、多くのひきこもりがいる。かつて人々は、年老いた隠遁者《いんとんしゃ》のもとを訪れ、敬意を持って教えを乞うた。人々は、ひきこもって作品を仕上げた芸術家の作品によって、生きる力を得てきた。

でも今の世の中では、そういう隠遁者や芸術家は間違いなく社会の寄生虫として扱われる。フランスでは、ひきこもりというのは、両親が甘やかしたために学校に行きたくなくなった、子どもっぽい大人のことだと思われている。そんな見当違いな御託《ごたく》を聞くのは、もうたくさんさ。ぼくたちは、屋根から飛び降りようとしたら身がすくむのとちょうど同じように、健康的で自然な反応として社会に出ていかず、ひきこもりになっただけなんだ。

外に広がる社会は、あまりに痛ましい。ぼくはニュースさえも見られない。あそこに参加するなんて、とんでもないことだ。あんな社会に暮らしている人々が、狂うこともなく暮らし続けていけるということのほうが、ぼくには異常に思えるよ。

でも、そういうぼくは、自分のことをとてもみじめに感じている。ぼくは人生の中で何も成功していない。外界への恐怖だけで生きているのさ。

アエルの作品「ぼくのひきこもり小屋」

この手記が完成したあとの二〇二〇年六月、フランスの教育テレビにあたる「フランス5」がアエルのことを大きく取り上げた。番組では、まずアエルの生活ぶりが映像で紹介されたあと、パリのスタジオで繰り広げられている専門家たちの討論にアエルが南仏からインターネットを通じて参加した。

こうして彼は、今やフランスで最も有名なひきこもり当事者となった。フランス国内のみならずベルギーやスイス西部などからも、ひきこもりの子どもを抱える親たちが教えを乞うために連絡してくるという。私には彼が二〇一七年の時点で書いていた「尊敬されていた昔のひきこもり」になったように見える。

私は「アエルにとってはひきこもりになることが解決であった」と述べたが、彼はまた、ひきこもりであることによって社会につながった人でもある。

スウェーデンのひきこもり

ここまで本書を読んでこられた読者の中には、まるで私が各国のひきこもりたちへのインタビューをいつも楽々と行なっているように思われた方もいるかもしれない。しかし実際には、一つの成功の裏に五つぐらいの失敗がある。たとえば、こんな失敗だ。

あるとき、某テレビ局の見知らぬプロデューサーから番組への出演依頼があった。出演と言っても、コメンテーターとして出演する専門家の話を、私がひきこもり当事者として客席で拝聴し、ひと言ふた言、感想を述べてほしいというものだった。要するに、専門家の引き立て役としてひきこもり当事者の私が必要であるらしい。

その専門家というのは、スウェーデンの社会を研究している大学教授で、普段は北欧に住んでいるが、ときどき日本に帰ってきては彼の地についてあちこち講演して回っているのだという。彼は、

「スウェーデンにひきこもりはいない。なぜならば、社会保障が充実していて、民主的で、理想

的な国だから」

と言っているらしく、プロデューサーはその説を盛り立てる番組を放送したいようだった。「日本のひきこもり問題はスウェーデンに学ぼう」というサブタイトルでも付きそうな番組である。

おいおい、出羽守《でわのかみ》だな、と思った。出羽守とは、「私が住んでいる○○○では……」「私が研究している○○○では……」と、何かにつけ、自身が専門としている地域や業界ではとっくにそんな問題は解決しているかのように語ることによって、問題と格闘している最中の人々をどことなく見下げる者のことである。それで正しいことを言っていればまだ良いのだが、そうとも限らないので厄介だ。聞いている者は、語られる地域や業界をよく知らないから反論できない。それに、自分たちの問題を解決しているモデルがすでにどこかにあると思いたがる者も多い。できあがっているモデルを持ってきたほうが、自分たちで一から作るよりも手間がかからないからだ。

専門家に影響されて「スウェーデンにひきこもりなんていない」と断言するプロデューサーに私はこう言った。

「その言葉、覚えておいてくださいね」

なぜ私がこれほど強気な言葉を吐いたかといえば、頭の中に一人のＧＨＯメンバーのことがよぎったからである。

それは一週間ほど前に、スウェーデン中部の小さな都市からＧＨＯに参加してきたトマソンだった。いつか彼に話しかけ、スウェーデンのひきこもり事情を詳しく聞いてみよう、と考えていた矢先のことだったのである。

ネット上でチャットが始まるのは、たいてい突然だ。それからしばらく経って、トマソンがＧＨＯフェイスブックのページの記事にコメントを投稿したのをきっかけに、ある夜、私とのチャットが始まった。彼はこう話した。

「スウェーデンにもひきこもりはたくさんいる。ぼくがその一人だ。スウェーデンの社会保障でもらえる額はそんなに多くない。国外の人はスウェーデン社会を理想化して語るけど、現実は他の国とそう変わらないんじゃないかな」

これはインタビューのチャンスだった。チャットをしっかり記録し、対談記事として発信したい。フランスのテルリエンヌ（本書五六頁）に対して私が行なったように、トマソンがスウェーデンの社会保障制度からもらっている金額と、私が日本の生活保護制度からもらっている額を具体的に比べれば、専門家が語る北欧社会の虚実があぶり出されるはずだ。ひいては、あのプロデューサーと出羽守の鼻も明かすことができるぞ。しめしめ……。

しかし、折悪しく日本時間は夜中の一時を過ぎていた。向こうはまだ夕方五時なので、気分が波に乗っているらしいのだが、私のまぶたはすでに半分閉じかけていた。

「また今度、ゆっくり話そう。そしてきみとの対話を記事にして発信したい」

私はそう言ってトマソンとのチャットを終わらせ、パソコンを閉じた。

おそらくトマソンは、その翌日も、翌々日も、私とのチャットの再開を待っていたのに違いない。働いていないひきこもり同士だから、時間は十分にあるはずだった。

ところが、私はひきこもりのくせに多方面に野暮用を抱えこんでいて、なかなか彼とのチャットに戻る機会がなかった。そのうち半ば忘れてしまい、一カ月ほどが経った。

例のプロデューサーが手がけたテレビ番組が、結局私が参加しない形で放送されているのを見て、私はトマソンのことを思い出した。スウェーデンにもひきこもりはいること、そしてひきこもりをめぐる経済状況は日本とそう変わらないことを記事にして発信しなければならない。「女性の社会進出や性的少数者への社会的理解が進んでさえいれば、ひきこもりは生まれない」などという俗説を砕かなければならない。

ところが、トマソンはすでにＧＨＯを退会していた。退会する人はごく少数だが存在する。彼の場合は退会の理由がはっきりしないが、もしかすると私とのチャットの再開を待ちわび、いつまで経っても声がかからないので、機嫌を損ねて退会したのではあるまいか。だとしたら……と考えると、私は縮み上がる思いだった。

ＧＨＯの外に出てフェイスブック全体でも検索したが、彼の名前はヒットしなかった。フェイスブックそのものから退会したのだろうか。彼とのチャットも記録が消えていた。

しまった、と思った。このような、まさかの消滅がときどき起こる。こういうときに備えて、チャットが始まったときには、インタビューをあとから辿れるようにすぐに記録しておかなくてはいけないわけだが、こちらも二四時間、インタビューを開始できる体制で待ち構えておくわけにもいかない。

こうして私はまた一つ、貴重な証言を取り逃がしてしまった。

バングラデシュのひきこもり **イッポ**の場合

ぼくは自分で自分を部屋に監禁するようになったのさ。

バングラデシュは、インドの東にある、面積が日本の四割ほどの比較的小さな国だ。イスラム教徒が人口の九割近くを占める。

世界でも最も貧しい国のうちの一つである。一人当たりのＧＤＰは一六九八ドル。世界平均の二割にも届いていない数字である。[01]一日一・九ドル未満で暮らす貧困層は、国民の一四％を超えている。[02]

イスラム過激派も活動している。二〇一六年七月一日に発生した、ＪＩＣＡの調査業務に従事していた日本人七名が殺されたダッカ襲撃事件は、いまだ私たちの耳に新しい。一方では、貧困層を対象とした融資を行なう「グラミン銀行」で世界的に有名になった国でもある。

イッポの証言は、フィリピンのＣＪ（本書二〇七頁）やカメルーンのエトゥンディ（本書二二〇頁）の証言とならんで、「ひきこもりは経済的に豊かな国だけに見られる現象である」という通説への反証となる貴重なものである。

このインタビューは二〇一八年八月に行なわれた。

ダッカで暮らすひきこもり

ぼそっと　きみが住んでいるのはダッカのような都市部かな。

イッポ　そうだよ。ダッカに住んでいる。でもどうしてダッカだとわかったの？

ぼそっと　わかったというほどでもないさ。私はきみの国の都市はダッカとチッタゴンぐらいしか知らないから、当てずっぽうに言ってみたんだ。

イッポ　あはは。なるほど。

01 **一人当たりのＧＤＰは一六九八ドルで世界平均の二割にも届いていない**　世界銀行、二〇一八年時点。

02 **一日一・九ドル未満で暮らす貧困層は国民の一四％を超えている**　世界銀行、二〇一六年時点。

ぼそっと どのくらいひきこもっているの。そして、きみは今いくつ?

イッポ ぼくは一八歳でひきこもりが始まった。そしてもうすぐ二六歳になろうとしている。でも、なんとかひきこもりを脱しようと悪戦苦闘しているんだ。

ぼそっと きみの周りには、同じくひきこもりである友達はいるかい。きみの国には、ひきこもりの集まりやネットワークはある?

イッポ ひきこもりの友達はいるよ。あなたと友達になるといい、ってフェイスブック上で教えてくれたのが、ぼくと同じくバングラデシュのひきこもりだ。彼がぼくをGHO(世界ひきこもり機構)に紹介してくれた。

ぼそっと あ、わかった。彼のことはよく知っているよ。でも彼もひきこもりだったとは知らなかった。なぜって、彼のプロフィールは私の読めない文字で書かれているからね。

イッポ あれはベンガル文字だ。ぼくたちの国語、ベンガル語の文字。

ぼそっと きみがプロフィールに掲げている〝Ippo Makunouchi〟という名前[03]も私は好きだなあ。きみはそれを、何か日本のアニメのキャラクターから取ったのだろうか。〝Kanji〟と呼ばれる私たちの文字では、きみの名前は「幕ノ内一歩」と書くんだよ。

イッポ へえ、そうなんだ。ぜんぜん読めないや。あなたがぼくらのベンガル文字を読めないように。

ぼそっと まさにその通りだね。

親との関係

ぼそっと きみはさっき、「ひきこもりを脱しようと悪戦苦闘している」と言っていたね。きみがひきこもりであることをご両親はとやかく言うのかい。親はきみを責める?

イッポ そりゃあ、とやかく言うし、よく責めるよ。ぼくの母はとても厳しい人なんだ。昔から母はぼくのことをよく叱ってきた。ぼくが友達と遊ぶために出かけることを許さないんだ。だからぼくは、自分で自分を部屋に監禁するようになったのさ。いまだに母は、ぼくが友達と出かけることを許さない。とくに、家から離れて遠くへ行くことを許さない。そうこうしているうちに、ぼくはひきこもりになったってわけだ。

ぼそっと なるほど。お父さんは何と言っているの?

イッポ 父はいつもぼくに優しいよ。ぼくが何かしようとするときにそれを止めた試しがない。いつもぼくにやる気を起こさせてくれる。

03 **イッポの名前** Ippo Makunouchi はイッポのハンドルネーム。彼の本名は、いかにもイスラム教徒の長男らしい名前である。

ぼそっと なんだか、うちと似ているなあ。

職がなく、経済的な支援もない

ぼそっと きみの家族は社会的にどんな感じ？　富裕層、中流、下流の貧困層と分けると、きみの家はどのくらいに位置する？

イッポ うちは中流だなあ。

ぼそっと きみがひきこもりとして生きていくことに経済的な問題はあるかな。たとえば、きみのお母さんが、きみが稼いでこないことに不満をもらしているとか。

イッポ いや、そういうことをうちの母はもう言わない。ぼくは今、外へ出ていくこと自体が怖いんだ。いつも誰かがぼくを尾けている気がする。あるいは、いつも誰かがぼくのことを悪く言っている気がする。それでぼくは神経質になっているんだ。それから、広場のような場所に長い時間立っていることもできない。

ぼそっと なるほど。それはそれでつらいだろうね。少しだけわかるよ。私もときどき、そういう感覚になることがあるからね。

私は日本で生活保護を受けて生きているんだけど、きみの国でもそういう、最低限の生活が保障される制度で生きていくことは可能かい。

イッポ　可能ではないね。ぼくたちの国では、それは想像できない。ぼくたち若者は、仕事が見つからなくて困っているんだ。ぼくたちの国は小さい。でもぼくたちは人口が多い。その多さに比べて、働く機会がなさすぎる。さらに悪いことには、職がない状態であっても、政府から経済的な支援を受けることができないんだ。

ぼそっと　じゃあ、きみはどうやって生きているの？　両親のお金？

イッポ　そうだよ。金額的にはものすごく小さいけどね。いずれ仕事を持ったら、今持っている経済的な悩みはなくなると期待している。

ひきこもりではない弟も無職

ぼそっと　兄弟姉妹は？

イッポ　弟が一人いる。

ぼそっと　弟さんは外で働いているの？

イッポ　いや、彼も無職だ。でも彼はぼくと違う。彼は外へ出ていくのに何の問題もない。性格もきわめて社交的なんだ。

ぼそっと　ということは、中流階級であるきみの家の中で収入があるのはお父さんだけかい。

イッポ　そうだよ。

ぼそっと　すべてのひきこもりは、それぞれ違う環境に生きているものだね。でも、なにかしら共通点があって、それを見つけるのはとても面白い作業だ。

イッポ　そうだね。

ぼそっと　たとえば、きみは外に出かけなくてはならないときの不安について私に語ってくれた。そういう感覚って、世界中すべてのひきこもりが多かれ少なかれ持っているもののような気がする。

イッポ　そうだと思う。それはひきこもりの共通項だ。

ぼそっと　きみは「一八歳でひきこもりになった」と言った。それ以前は、たとえば学校へ行くのにもまったく問題がなかったの？

イッポ　なかったね。一八歳まではすべてが順調だった。

ぼそっと　へえ、それはある意味、面白いね。

「ひきこもりはカトリックと儒教の文化圏に多い」

などと言う専門家もいて、私は、

「そんなことはないだろう。イスラム圏にも同じようにいるのでは」

と訝《いぶか》り、それなりに探索していたのだが、私にとってイッポは、初めて出会うイスラム圏のひきこもりとなった。イッポ以後、アラブ諸国やマグレブ地方など、多くのイスラム圏のひきこもりたちと交流が生まれていくことになる。

しかし、彼らと話していて、いわゆるイスラム色を感じることはほとんどない。当然だろう。フランスやイタリアのひきこもりがカトリック色を感じさせないのと同じである。ひきこもりの生活は世界中どこでも似たようなものだ。また、どこの国でも若者は宗教に関心が薄い。とくにひきこもりになるような若者はそうなのではないか、と想像する。

いずれにしても、このインタビューは未完成であるため、イッポのイスラム教との距離感はまだわからない。私にしてみれば「始まったばかり」で終わってしまったのだ。この日、イッポはこれからまさにひきこもりになった経緯を語ってくれようとしていたところで、それは長い物語になりそうだった。しかし、このとき日本時間はすでに真夜中を過ぎていた。そのため私はイッポとの対話の続きを翌日以降に持ち越したのである。

ところが翌日、インターネットを開いてみると、イッポのアカウントがなくなっていた。

インタビューの途中で消えてしまう人はよくいる。うっかり私が突っこんだ質問をすると、そういうことが起こる。しかし私は、イッポが逃げ出したくなるような質問を浴びせたつもりはなかった。彼も、その先の話を喜んで語ってくれる様子だった。

イッポはなぜ消えたのか――。この謎は一年以上経って解けた。イッポと偶然にネット上で再会したとき、本人から話を聞いたのだ。イッポは、一日目のインタビューを終え、興が乗り、気まぐれにアカウント名を別の日本のアニメの主人公の名前に変えたのだという。ところが、海外のひきこもりは多くが自分のアカウント名を日本のアニメから取っているので、私にとっては消えたも同然になったのだった。

フィリピンのひきこもり　ＣＪの場合

日本のひきこもりはなんて恵まれているんだ！

私がＧＨＯ（世界ひきこもり機構）を通じてＣＪを知ったのは、二〇一八年五月のことだった。

その年の七月、強大な台風がフィリピンや日本を次々と襲い、両国に甚大な被害をもたらした。そのような中で、彼との音信はたびたび途絶えた。

ＣＪが住むフィリピンの片田舎では、町ごと停電することは日常茶飯事であり、そこへ台風による洪水被害が追い打ちをかけていたのである。ぱったりとインターネット上に姿を現さなくなったＣＪの安否を心配したことも、一度や二度ではない。

彼の生存が確認された七月のある日、話がはずんで、一気にこのインタビューが行なわれた。

「ひきこもりは経済的繁栄がもたらす負の副産物である」という通説が幅を利かせていた当時にあって、ＣＪの声はそれを反証するものとして貴重であった。しかし、それにともなう当然の結果として、彼の証言には私たち日本のひきこもりへの厳しい視線が含まれていたのである。

外交的な国民性とひきこもり

ぼそっと 日本でひきこもりであることと、フィリピンでひきこもりであることには、ちょっぴり違いがあると想像しているんだけど、どうだろう。

ＣＪ 違いはあるだろうね。フィリピンは外向的な人間が多いお国柄だから、そういう環境でひきこもりでいるのは難しいんだ。周りの人が、「家の中でひきこもっているなんて、ちょっと頭おかしいんじゃないの」っていう目で見るからね。

ぼそっと きみはひきこもりになって、どのくらい？

ＣＪ 二〇〇八年に引きこもり始めたから、かれこれ一〇年かな。

ぼそっと 年齢的にはいつごろからひきこもり始めたの？

CJ　ちょうど大学を出たときだった。

ぼそっと　その前はひきこもりになることもなく、学生生活をちゃんと送れていたのかい。

CJ　はっきり言って学校ではいじめられていた。もともとぼくは、ひどい恥ずかしがり屋だったんだ。

ぼそっと　どんな大学生活だった?

CJ　学問的興味なんかまったくなかったけど、単に学費が安いからという理由だけで経済学部に進んだ。大学へ入ったのは、「大学へ行け」という家族からの強いプレッシャーがあったからにすぎない。

在学中はバンドを組んで演奏し、お金をもらって、それを自分の学費の足しにしていた。ぼくにとってはそれが、社会の中のふつうの人々に出会う初めての体験だった。バーで演奏していたんだけど、毎回、舞台に立つのがとても怖かったね。

そうやってぼくは、週末はいつもバンドで稼いで、月曜から金曜までは国立大学に通った。国立大学の学費は年三〇〇ドル[01]と安いんだ。

ぼそっと　大学を卒業するときはどうしたの?

01 **フィリピンの国立大学の学費は年三〇〇ドル**　二〇一八年五月時点のレートで三万円程度。

CJ　就職活動をしたんだけど、それがぼくにとってはあまりにも難しすぎたんだ。それでぼくは外へ出かけられなくなってしまった。

ぼそっと　なんか私の場合と似ているなあ。きみの両親は、きみが積極的に職を見つけに行かないことについて怒ったり責めたりする？

CJ　そりゃあもう、いつもさ。ぼくにとって外へ出かけることがどんなにつらいかを、親はまったく理解しないんだ。

ぼそっと　ひきこもりでない友達にときどき会うことはある？

CJ　ぜんぜん。学生時代はまだ友達に会っていたけど、今はまったく会わないね。

『N・H・Kにようこそ！』が羨ましい

ぼそっと　きみはどんなところに住んでいるの？　首都マニラみたいな都会？　それとも田舎？

CJ　半分田舎、みたいなところに住んでいるよ。

ぼそっと　ご両親の家は、きみがその中でひきこもりとして暮らしていても、不自由がないほど大きいの？

CJ　いいや。ぼくの家族はどちらかというと貧しく、家はとても小さい。こんな場所でひきこもりとして生きるのは、いろいろな意味で大変なんだ。なんせ、ぼくのことをとやかく噂する周りの声が全部、耳に直接入ってくるんだから。

ぼそっと　そりゃあ、きついな。批判に囲まれて暮らすなんて。そんな環境でよくもまあ一〇年もひきこもりとして生きてこられたね。

ＣＪ　そうさ、ぼくはたくましいサバイバーなのさ。

ぼそっと　そんなに小さな家の中で、きみは自分のひきこもり空間を持っているのかい。

ＣＪ　ラッキーなことに、ぼくは大工仕事がうまいんだ。だから自分で、母屋からの延長みたいにして、自分がひきこもっていられる小さな空間を作ったんだ。

ぼそっと　兄弟姉妹はいるの？

ＣＪ　二人の兄がいる。一人はもう結婚して家を出ていった。もう一人はまだ一緒に住んでいるよ。二人ともフィリピン人らしく性格が外向的で、ぼくとは対照的だから、ぼくたち兄弟はコミュニケーションをとるのが難しい。

ぼそっと　だろうね。

ＣＪ　ひきこもりを題材にしていることで有名な日本のアニメ『N・H・Kにようこそ！』を初めて見たとき、ぼくは、「日本のひきこもりはなんて恵まれているんだ！」って思ったよ。

この作品の主人公のひきこもり生活は、ぜんぜん悲惨なんかじゃない。ぼくはいつも、彼みたいに一人で生きていられるひきこもり空間が欲しいと思っている。家族がぼくのことをとやかく言ったとしても、彼らの声がぼくの耳に直接入ってこなければなんとかなる。自分を否定する声がいつも耳に入ってくるのは、もう耐えられない。

ぼそっと　そりゃあ、そうだろうなあ。私は一人で住んでいるから、その意味ではきみよりずっと恵まれているひきこもりだな。

CJ　そうなんだよ。日本のひきこもりも、世界中の他の国のひきこもりたちも、それぞれひきこもっている環境は違うだろう。でも、ぼくみたいな環境でひきこもりをやっているというのが、最悪なんじゃないかな。

ぼそっと　なるほど。しかし、それでもきみはひきこもりをやめるわけにはいかないんだね。そこにきみの生きづらさの核があるのかな。

CJ　その通りさ。

変遷してきた「専門家」たちの仮説

ぼそっと　わずか数年前まで、ひきこもりは日本だけに起こるユニークな文化現象のように考えられていたよね。しかしそのうちに、イタリアとフランスでもひきこもりが多いことがわかってきた。すると専門家たちは、「ひきこもりとは、資本が蓄積した高度産業社会に見られる現象である」と言い換え始めた。

その後、私はＧＨＯを作り、発展途上国と言われる国々のひきこもりから多くの証言を得た。それは、専門家たちの唱えていた理論を覆すものだった。

すると彼ら彼女らは、新しい事実を包含するために、巧みに説を変えていった。

「それは不思議ではない。貧しい国でさえ、その国の資本を牛耳るような一握りの富裕層はいる。富裕層というものは、世界中どこの国であっても、比較的に生活水準は同じような暮らしをしているものだ。だから、そういう家族からひきこもりが出るのは当然だ」

とね。しかし、きみは今、そんな彼らの説も吹き飛ばすような貴重な証言をしてくれた。きみは「どちらかというと貧しい」と言う。発展途上国の、しかも都市部ではなく、半分田舎にある小さな家に家族と住んでいる。だが、きみはひきこもりだ。このことは、ひきこもりというものが、これまで考えられていた社会的階層や国々よりももっと広い範囲に存在する、という事実を示しているのさ。

ＣＪ

フィリピンでは、ひきこもりの割合は少ないだろうし、ひきこもりのほとんどは富裕層の子どもだと想像する。でも、ぼくみたいなひきこもりもいるんだ。

発展途上国の貧しいひきこもり

ぼそっと　きみのようなひきこもりの事例は、この先きっと他の国でも見つかる日がくると思う。

CJ　たぶんね。そしてアジアだけでなく他の大陸でも、ひきこもりはもっと見つかるだろう。発展途上国にだってひきこもりはいるんだ。でもそういうひきこもりは、メディアに自分の存在を訴えない。だから、「そんなものはいない」ということになっている。
現代の人々というのは、金持ちだろうと貧乏人だろうと、ひきこもりになりやすいと思う。家族やその他いろいろなことが引き金になるし、社会から受けるプレッシャーも大きいからだ。

ぼそっと　きみはこれからもひきこもりとして生きていくのかい。

CJ　ぼくは今でも一応、ひきこもりから脱しようとはしているんだよ。
「なんでぼくはこんな生き方をしているんだろう」
と自分を責め続けている。
ひきこもりになったことに関して、両親とか、近所の人たちとか、学校でぼくをいじめた連中とか、もっと他の人を罵《ののし》ってもいいはずなのに、ぼくは自分を一番罵っている。だけど、こんなふうにひきこもりになったのは、ぼくの選択でもあるわけだ。ぼくは子どものころからとてもシャイで、感情的になりやすく、何かにつけて過敏だった。そうなるように育ってきたんだと思う。

でも、もうそろそろひきこもりを脱出して、他の人生を模索できるようになれるといいな、と思っている。

その後のＣＪには、劇的な後日談が待っていた。

二〇一九年七月、一家の大黒柱だった父親が職を失い、家族はその日の食糧にも困るほどの貧窮にあえぐようになった。これによってＣＪも、それまでにも増して家族から「なんとか働いて稼いでほしい」と叱責されたり、「働けないならこの家族から出ていってほしい」と懇願されたりするようになった。

そこでＣＪはひきこもりを脱するべく、悲壮な覚悟を持って「外へ出る練習」から始めることにした。不安や恐怖に押しつぶされそうになりながらも、外の世界へ一歩を踏み出したのである。

ところが恐る恐る外へ出てみると、そこは彼が十余年もの間、ひきこもり部屋の中で独り怖れていたような世界ではないことに、まずは気づかされた。外の世界を闊歩している「ふつうの人」たちも、彼が想像していたような人間たちではなかった。彼に厳しい批判を浴びせてくることなどない。それどころか、みんな自分のことに忙しくて、彼のことなど少しも見ていないようなのである。ＣＪは驚き、すっかり拍子抜けをした。

ある日、市場で買い物をしていたところ、二人のチンピラが遠くから彼をにらんでいるのが視界の端に入った。嫌な空気が両者の間に漂った。彼は内心、

「そら見たことか。外の世界っていうのは、やっぱり怖ろしい。どこでどんな目に遭うかわかったもんじゃない」

と震え上がり、早々に買い物を切り上げて自宅へ逃げ帰ることにした。

ところが二人のチンピラは尾けてくる。それどころか、どこから出てきたものか、人数は増えて五人になっていた。みな、ＣＪと同じくらいの年齢の若者であり、派手な服を着て、サングラスをかけ、そして手には鉄パイプや鉄鎖を持っていた。武器にちがいない。これはもう、どこかで襲って叩きのめし、なけなしの金でも奪おうというのだろう。しかしなぜ、よりによってぼくのような貧乏人から金を盗ろうとするのか。いや、世の中そんなものかもしれない。金持ちはこんな貧民窟のような市場へ買い物に来ず、車で大都市郊外のショッピングモールへ出か

けるか、メール一本で配達させているにちがいない。これだから外の世界は大嫌いなのだ。

ＣＪは彼らをまくために、できるだけ入り組んだ細かい路地に逃げ込んだ。ここに住んでいる者でなければ、すぐに彼を見失い、道に迷うはずである。ところが、角を曲がりながら、後ろをチラ見すると、彼らは道に迷うどころか、しっかりと後を尾けてきているではないか。そして彼らは歩を速め迫ってきた。

ＣＪは袋小路に追い詰められてしまった。もう獲物が逃げられないとなると、チンピラどもは一転して余裕を見せ、ゆっくりと鉄パイプや鉄鎖を振り回しながら近づいてくる。もうダメだと思った。ＣＪは、ひきこもりをやめて家から出たことを後悔した。家族に罵られながらでも、あの狭いひきこもり部屋に踏み留まっていれば、こんなところでこんな目に遭わなくて済んだのだ。

「ぼくは金なんか持ってないぞ！」

ＣＪは泣き叫んだ。すると、初めから彼を尾けていたチンピラの一人が、ふいに殺気をやわらげ、こう言ったのである。

「ＣＪ？　その声は、お前、ＣＪじゃないのか」

チンピラはサングラスを取って顔を見せた。笑っている。しかし誰かわからない。ＣＪの目には、チンピラはチンピラのままだった。そこでチンピラのほうがじれったくなり、自己紹介をしたところ、何のことはない、チンピラのうちの二人は幼いころからＣＪの近所に住んでいる者で、残り三人は同じ小学校へ通った仲間であった。あまりにもＣＪが長くひきこもっていたので、お互いに会わないうちに背格好がすっかり変わってしまい、それぞれ相手を認識できなかったのだ。

　どうりで細かい路地を知っているはずであった。聞いてみると、何でも近ごろは隣町のギャングが縄張りを拡げてきており、この市場でもイザコザが多発するようになっているのだという。そこで地元のギャングは、可愛がっている若い者たちに市場の見回りをさせていたのだ。今日は見慣れない顔が市場に入ってきたので、「さては、また隣町の野郎がやってきたか」と彼らはいきり立ち、ＣＪを尾け始めたのだという。

　緊張のあとの弛緩が作用したのか、この一件はＣＪと外の世界とのつながりをいっそう強める出来事となった。そして、ＣＪは「もはやなぜ自分があんなに長い間、外の世界を恐れていたのかわからない」などと私に語るほどになったのである。遠くの都市で働いている兄の仲介もあって、やがてＣＪは両親の家を出てふるさとの田舎町を離れ、企業のコールセンターに就職した。

　もし私が物語作家だったなら、ここで話を終わることだろう。ハッピーエンドのほうが収まりが良いのだ。しかし、残念ながらそうではないので、少しだけ続きの現実も書いておこう。

二〇二〇年四月、新型コロナウイルスがフィリピンを襲い、ほとんどの企業は休業へ追い込まれた。ＣＪが勤めていた企業も例外ではなく、彼は知らない町でワンルームマンションに一人暮らしをしたまま、なじみのある「ひきこもり」状態へ戻った。

人の移動が厳しく制限されたために、ＣＪはふるさとの田舎町へ帰ることができなかった。買い物にも行けない。会社が休業手当もろくに払わないので、食費を極端に切り詰めないと生きていけない状況に陥った。

二〇二〇年八月現在、ＣＪはこう言っている。

「ぼくは、働きながら息をひそめて生きているガチこもりに戻ったのさ」

カメルーンの元ひきこもり アルメル・エトゥンディの場合

解決や成功を得る場所は、〝社会〟の中だけとは限らない。

「アフリカのひきこもり」という括り方を、私はあまり好まない。

アフリカは、面積にして日本の八〇倍、人口にして八・七倍。現在は五六カ国からなり、国それぞれに歴史や文化がある。それほど広い土地であるのに「アフリカ」と括ることは、ちょうど私たちが「アジア」と括られることに等しい。

それでも、やはり「アフリカのひきこもり」と申し上げたいのには理由がある。多くの人々が、

「アフリカのようなところにはひきこもりはいない」

という先入観を持っているからである。

日本人だけではない。それは世界中の人々が持っている先入観である。

「アフリカのような」という形容にはさまざまな意味が含まれるだろう。先進国でない。経済的に豊かでない。野生の動物たちが疾駆する広大な大地。人々のおおらかな心……。しかし、それらはいずれも「ひきこもりを生まない」という要因にはならないのだ。

私は本書で、たまたま日本で「ひきこもり」と名づけられた現象が、一般に信じられているよりもはるかに広汎な現象であることを、さまざまな実例を挙げて紹介しているわけだが、二〇一九年九月に行なった、アフリカ中央部カメルーンに住むエトゥンディのインタビューを紹介するのも、そのような意図の延長にあるものである。

複雑な歴史の多言語国家

ぼそっと　やあ、アルメル・エトゥンディ。こんにちは。きみはカメルーンの人だよね。

エトゥンディ　ああ、そうだよ。

ぼそっと　カメルーンは、アフリカの中でも面白い国だと私は思う。一つの国の中に英語圏とフランス語圏があるだろう。その点は、ちょっとカナダに似ているかな。でもヨーロッパからやってきた言語である公用語の他に、きみたちには昔からの部族の言葉もあるんだろう？

エトゥンディ　ああ、そうだ。国中の部族語を合わせると二五〇を超える。

ぼそっと　そんなにたくさんあるのか。きみも、きみの部族の言語を話せるんだろうね。

エトゥンディ　いや、必ずしもそうはいかねえんだ。部族語は今の日常生活で使う必要があまりないから、話せない人がだんだん多くなってきてる。自分の出自や民族的アイデンティティのために、部族語は大事にしなくちゃいけないんだけどな。

おれはもともとベティ族だから、おれの部族語はエウォンド語ということになる。でも親が教えてくれなかったから、ほとんど話せない。将来的には自分で学びたいと思っている。

おれが知ってる数少ないエウォンド語に、こういう好きな言葉がある。ンフィエ・ワム、ビタ・ビアマ！（私の光、私の戦い！）

ぼそっと　おお。とても誇り高く、力強く響く言葉だね。昔はそうやって戦意を高揚させていないといけなかったんだろうね。きみはどんなところに住んでいるんだい？

エトゥンディ　首都ヤウンデだ。カメルーンの政治の中心で、人口はおよそ二五〇万人の大都市。でもカメルーンの中では二番目だ。一番大きいのは商業の中心地であるドゥアラ。

おれの住んでるヤウンデのほうが、港のあるドゥアラより内陸にあって標高も高いから、ちょっと涼しくて、過ごしやすいはずだ。

ぼそっと　きみの国にひきこもりはいるかい？

エトゥンディ　ああ。みんな恥ずかしくて認めたがらないけどね。

ぼそっと　へえ、それって面白い。日本は「恥の文化」で特徴づけられることが多い。それで我々はひきこもりも恥とみなして隠したがるんだ。そうすることで、かえってひきこもりの状況を悪くしているんだけどね。でも、きみの今の言葉で、恥の感覚が日本人だけのものではないということがわかったよ。
きみの国で、実際にひきこもりに会ったことがあるかい？

エトゥンディ　近所に二人、ひきこもりのダチがいるぜ。っていうか、おれ自身もちょっと前まではひきこもりだったんだ。

ぼそっと　へえ。きみがひきこもり始めたのは何歳のときだった？

エトゥンディ　三〇歳だったな。それから三年間ひきこもってた。だけど、勇気を振り絞って自分の問題に向かい合い、ひきこもりを克服したんだ。今は三六歳さ。

ぼそっと　そうか。きみがひきこもりだったとき、ご両親や兄弟姉妹、親戚なんかは、きみのこ

とをとやかく言ったかい？　たとえば、
「こらっ！　家の中でぐずぐずしていないで、さっさと外へ金を稼ぎに行け」
とかなんとか。

エトゥンディ　はっはっは！　言ったよ。その通りだ。おい、ブラザー、どうして知ってるんだい？

ぼそっと　だって、それが日本で起こっていることだからさ。

エトゥンディ　ええ!?　マジかよ。あのときおれは、「こんな状態なのは世界でおれだけだ」と思ってたぜ。

ぼそっと　わかる、わかる。ひきこもりはみんな、「こんな状態なのは世界で自分一人にちがいない」と思うものなんだ。それで絶望する。だから私はこのＧＨＯ（世界ひきこもり機構）を作ったと言っても過言ではない。
その点では、今ひきこもっているきみの友人たちは幸せなんじゃないか？　彼らはきみというひきこもりの先例がいることを知っているから。少なくとも「自分だけ」とは思わないだろう。

エトゥンディ　おう、その通りだぜ、ブラザー。でもよ、おれはガチで「こんなのはおれだけだ」と思ってたんだ。

ひきこもり脱出の秘儀

ぼそっと さっき「ひきこもりを克服した」って言っていたけど、どうやったの？

エトゥンディ 瞑想だよ。おれは同じ方法で、今ひきこもっているダチを助けたいと思っている。

あいつらはときどき、「どうすれば自分のひきこもり生活を変えられると思う？」とおれに聞いてくる。そこでおれはこう言ってやるのさ。

「変えようとしちゃいけない。変えようとするときに邪魔になっているものに、社会から後ろ盾を与えさせない、ってことに尽きる。一番大切なのは、お前をひきこもらせているものと調和するってことなんだ」

とね。おれは人々を助ける必要性を感じている。ダチだけじゃない、全世界の人々を。それがおれの哲学さ。だからおれは、「オクシド・ルーメン」

アルメル・エトゥンディ

という人道主義協会を設立することにしたんだ。

ぼそっと　へえ、なんかすごいね。でも一方では、人を助けるっていうのはそんなに簡単なことじゃないとも思うよ。ところで、きみがひきこもった理由は何だったんだい?

エトゥンディ　うーん、そいつはちょっと話せねえな。あまりにも話が長くなりそうだから。ごめんよ、ブラザー。でも、いくつかポイントだけ話そう。

まず、人間っていうのは生まれながらにして自由で平等だ。そこに人種・肌の色・文化・宗教・性別などによる違いはない。それから人間は生まれながらにして善良なんだ。社会が我々を悪くしているだけだ。おれたちをただ利用しようとする人間だっている。経済的な搾取、あるいは性的な搾取。そういう奴らは、生きるエネルギーの吸血鬼であり、精神の奴隷商人だ。

でも、おれたちは幸運にも、見えない攻撃から自分を死ぬまで守ってくれる精神的免疫機能というものを生まれながらにして持っている。そのことをみんな忘れがちだ。

ぼそっと　なるほど?　どうやら、きみをひきこもりにしたたくさんの理由が、頭の中で複雑に絡み合っているようだね。それはそうだろう。ほとんどのひきこもりの場合、きっかけは一つじゃない。ひきこもりになった理由なんて、本来は簡単に答えられないものなのだろう。

エトゥンディ　ひきこもりになった経緯を、他の人に説明するのは難しいよな。ひきこもりを実際に経験した者以上に、ひきこもりに関して理解できる奴はいないだろう。

ひきこもりとして生き延びる

ぼそっと　ところでカメルーンでは、ひきこもりたちはどうやって経済的に生き延びているんだい？

エトゥンディ　ひきこもりのダチの一人は音楽プロデューサーになりたいらしい。でも今のところはソングライター止まりだな。そいつは最近、他のアーティストのために曲を書いてやって、金をもらったそうだ。そういう金で生き延びているらしい。もう一人のひきこもりのダチは働いてない。でも楽器を練習してるよ。両親は遠くの田舎の村に住んでいるようだが、兄弟姉妹とは一緒に住んでいて、経済的に面倒を見てもらっている。

ぼそっと　なるほど。結局、国からの支援はないけれど、食っていくのに困っているわけでもないんだな。もう一つ質問がある。きみや二人のひきこもり友達は、きみの国ではいわゆる上流階級かい？

エトゥンディ　いいや。おれたちはみんな、この国では中流階級だな。

ぼそっと　きみの国では、中流や下流の階級の人たちにもたくさんひきこもりがいると思うかい？

エトゥンディ　ああ、中流にも下流にもたくさんひきこもりはいるだろうよ。でもおれたちが実際に彼らを見ることはないね。だって、そうだろう？　ひきこもりっていうのは外に出たがらないからひきこもりなのであって、ひきこもっている間は外から見ることができないじゃないか。

ぼそっと　よくわかるよ。それはひきこもりに関する世界共通の真実だろうね。

ひきこもりは他の人たちに存在を知られたがらない。たとえば、私は日本の首都、東京という大都市でひきこもっているわけだけど、近所の人々は誰も私がひきこもりだと知らない。だって、私が近所付き合いをいっさいしないから。きっと彼らは「ここには何年も前からおかしな中高年の男が住みついて、夜も昼もブラブラしているらしい」などと思っているだろうね。

私は「ふつうの人」の社会へと私を引き戻そうとする人たちを拒んできた。だって、私はこうやってＧＨＯというひきこもりの世界的ネットワークを作り、私なりに世界中の他者とつながっていて、人とのつながりはそれで十分だと思うからだ。これが私なりの社会参加の方法であり、社会の一部として生きる道であって、彼らのやり方で一般社会へ投げ戻される必要などまったく感じていない。そんなのはまっぴらごめんだ。


エトゥンディ 激しく同意だよ。おれもひきこもりのダチに言ってやってるんだ。

「ひきこもりだからって、人生で成功できないわけじゃない。お前が解決や成功を得る場所は、いわゆる〝社会〟の中だけとは限らない」とね。

あんたの言っていることも、結局そういうことだ。社会に復帰することは、ひきこもりの「解決」や人生の「成功」のための、たくさんあるパターンのうちの一つにすぎない。でも、いわゆる「ふつうの人」たちはこう信じている。

「もし社会へ復帰したら、お前は自由だぞ。どこへでも行きたい場所へ行けるぞ」とね。


ぼそっと そうだね。社会に復帰しても、不自由な人は不自由だろうけど。

ところで、しばらく前にアフリカからこういうコメントを送ってきた人がいるんだ。

「おい、お前たちは日本みたいなゴミゴミした、閉鎖的な風土の中で生きているからひきこもりなんかになるんだよ。おれたちの大地、アフリカへ来い。そうしたら、ひきこもりなんか一日で治るから」

それを読んで私は、「なんだかこいつはあやしい」と思った。

エトゥンディ　たしかに、「アフリカ社会ではみんなが開かれた心を持っていて、そこにはひきこもりなんかいない」ということがよく言われる。でもそれは本当じゃない。アフリカのひきこもりはただ、ひきこもっている生活を表に出さないだけだ。

分かち合うアフリカの心

ぼそっと　カメルーンの中流階級の家族は、働かないひきこもりを養っていて経済的には大丈夫なのかい？　それで家族はやっていけるの？

エトゥンディ　あのな、ブラザー……。アフリカっていうのは、貧しさや人間関係において、あんたらが考えているほど厳しい場所じゃないんだよ。アフリカでは、たとえあんたに自分で食っていく稼ぎがなくても、おれたちの文化があんたを飢えさせておかないんだ。わかるか？

食うものがなくなったら、遅かれ早かれ、家族や親類なんかがみんなで食い物を持ってくる。自然に助け合うんだ。そう簡単には飢えない。

これは、カメルーンだけでなく、サハラ砂漠以南のアフリカ諸国すべてにおけるおれたちの文化と伝統なんだ。おれたちの祖先が代々、有形無形に子孫に伝えてきたことなんだよ。「もし隣に飢えた者がいたら、食べ物を与えよ。もし近くに乾いた者がいたら、水を運んでやれ」とね。

だからアフリカでは、いちいち金を介さないで、ごく自然に物をあげたり、もらったりしている。そうやってみんな生きているんだ。先進国のあんたらに比べたら、おれたちは貧しいかもしれない。でも分かち合えるだけの物はまだ持っている。

ぼそっと 素晴らしいね。資本主義の奴隷になっていないというわけだ。その状態を指して「遅れている」と言う人もいるけど、私には必ずしもそうと思えない。私たちひきこもりを「現代の競争社会に出ていけない臆病な者たち」という人々がいるのに対して、「無益な競争の場に出ていかない賢さを備えている者たち」と解釈できるように、アフリカを「殺伐とした近代社会とは距離を置いて、前近代的な豊かさを大事にしている大陸」と考えることができると思うんだ。結果として、お金を介さなくても社会が動いていく仕組みがあるんじゃないかな。

エトゥンディ でもな、そうは言っても、カメルーンも急速に経済発展してるぞ。ヨーロッパや北アメリカの生活様式がどんどんおれたちの生活に入り込んできているんだ。でも一方で変わらないものもある。それはさっき言ったような、おれたちの伝統と心だ。こういうものは今でも深く広くアフリカの地に根差しているんだ。まあ、たしかに、働かないひきこもりが家族に一人いたら、そいつをお荷物や邪魔者に感じるときもあるだろうよ。だから、「そんなところでグズグズしてないで、さっさと金を稼ぎに行け」などと言うわけだ。でもしばらくするうちに、自然にそいつを受け容れるものだ。だから、もしアフリカで稼ぎがなくてひきこもったとしても、周りの人間とつながりがある限り、飢えて死ぬことはまずない。生き延びられるよ。

ぼそっと きみの言葉を聞いていて、とても感動したよ。語ってくれて、どうもありがとう。我々にとっては貴重な話だから、この会話を編集して記事にさせてもらうよ。

エトゥンディ お、そいつはいいね！　おれの話を聞いてくれて、ありがとうな！

北朝鮮のひきこもり

本書に登場するひきこもりたちは、実際に会ったことはないものの、みんなインターネットを通じて私が直接コンタクトを取っているのだが、しかしこのコラムの主人公、パク・ナリ（박나리）さんと私は言葉を交わしたことがない。彼女がしゃべっているのを、私はインターネットで見ただけである。それでも、私が彼女のことで紙幅を割きたくなったのには理由がある。

韓国のペナＴＶというユーチューブを通して情報を配信しているテレビ局に、『タルタルタル（탈탈탈）』という番組がある。漢字にすれば「脱脱脱」であろうか。そこでは毎回、朝鮮民主主義人民共和国（北朝鮮）を脱出し韓国へ入国した人たち、いわゆる「脱北者」をゲストに招き、ぶっつけ本番のトークショーを放送している。なお、「北朝鮮」は正式な国名でないが、日本で定着しているこの通称を本書では使用することにする。

この番組の第一七回（二〇一六年一二月放送）にゲストとして招かれたパク・ナリさんの語りを韓国語のわかる知人に視聴してもらい、日本語に起こしてもらった。そこで私が彼女のひきこもり体験に関する部分を抜き出し、以下のように編集させていただいた。

父は細かいことには口を出さない性格で、家のことは母に任せていました。やがて私は、この父を北朝鮮に残して、母と脱北することになりました。

母はいつも商売で家を空けていました。母の代わりに、六歳上の一番目の姉が私の世話をしてくれていました。この姉が二〇一一年に幼子を連れて脱北したとき、私は強いショックを受けました。彼女たちは今、韓国に住んでいます。

中学校[01]卒業後の一七歳ごろ、私は伯父の計らいで清津《チョンジン》にある咸鏡北道《ハムギョンブクト》人民武力部の宣伝隊に入ることになっていました。宣伝隊とは、北朝鮮の学校、団体、工場、軍隊などで組織される芸術団のことです。人々が出勤や帰宅をする時刻、あるいは労働をしている最中に、励ますために旗を振ったり歌を歌ったりする役割を担っています。宣伝隊では、ふつう一〇人が一つのユニットとなって活動します。

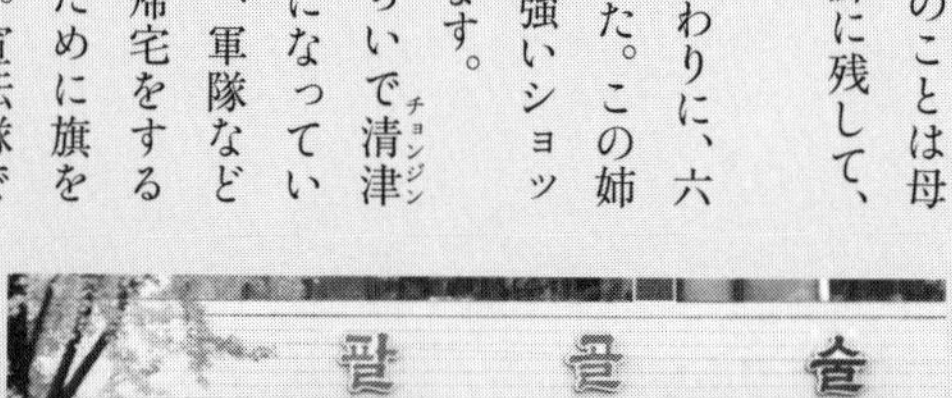

通勤の時間帯に演奏する宣伝隊と思しき人々（撮影 下郷沙季）

咸鏡北道人民武力部の宣伝隊は、素質のある人をオーディションで選び、隊の中で育成します。私も歌のオーディションを受けました。

もともと私の父方は、歌や踊りを生業とする家系で、私も小さいころから歌が上手だったので、宣伝隊に入りたいとずっと思っていました。宣伝隊に入れば男性と知り合う機会が多くなるし、将来的には国を代表する万寿台《マンスデ》芸術団に入れる可能性があります。それは北朝鮮の女性にとってはあこがれの職業の一つです。金正日が観覧に来る公演も年に一、二回ありました。そこで目に留まれば、万寿台芸術団にスカウトされる可能性があります。

しかし、いよいよ三日後に入隊するという日になって、二番目の姉の家族記録の名前の上に黒い線が引かれている[02]ことがわかりました。

そのため、「たとえ宣伝隊に入隊しても、金正日様が観覧に来たとき、一〇人の中でお前だけは出演できない」と言われ、「それでは意味がない」と結局入団しないことになりました。

私はひどく落ち込みました。そして、そのまま何もできなくなり、何事にも悲観的になって、一年間まったく働きませんでした。

北朝鮮ではふつう、家族はみんな同じ部屋に寝るものですが、私は「静かじゃないと寝られない」と言って、一人の部屋で寝かせてもらっていました。親との会話もなく、部屋でひき

01 **中学校**　北朝鮮の「中学校」は日本の高校にあたる。

02 **家族記録の名前の上に黒い線が引かれている**　ここでは何らかの理由により行方不明になっていることを意味する。

こもりでした。

その六年後の二〇一五年七月、熱心な共産主義者であったはずの母から、いきなり「脱北」の話を持ちかけられました。私は、「父をこの国に置いていくのなら行きたくない」と言ったのですが、母が「それなら自分は死ぬ」などと言って鉄道の線路の上に横たわったりしたので、私は根負けして、二〇一五年七月二〇日午後一〇時ごろ、履いていた七センチのハイヒールを脱ぎ捨てて、私は豆満江《トゥマンガン》[03]を渡ったのでした。

中国、ラオスを経由して、秋に仁川《インチョン》国際空港に着いたら、人々が話している言葉がわかってほっとしました。韓国の国家機関である国家情報院で状況を聴取されたあと、脱北者の生活のスタートを支援するハナ院へ送られ、そこを出て三日目から工場で働き始めました。「働いたぶんは自分のお金になる」と思うと、がんばれました。


彼女自身が語っているのは、見方によってはありふれた情景である。私は、あえて政治的な背景を脱色し、舞台を無理やり日本に置き換えれば、さしずめこんな話になるだろうと想像した。

……街を歩いていたらスカウトされて、芸能界へのデビューの話を持ちかけられた。ところが、家族に薬物事件を起こした者がいると知れて、芸能プロダクションが「デビューしてもテレビには出さない」と言ってきた。それではデビューしても仕方がないので、契約は解除した。でも、夢が破れて、すっかり落ちこみ、一年間ひきこもった。家族にもわがままをぶつけ、ろくに会話も交わさなかった……。

しかし、私は彼女の語りに、深く考えさせられたのである。それは、舞台が資本主義を掲げる国ではなかったからだ。

「ひきこもりは日本だけでなく世界中にいる」ということがわかってからも、専門家たちの間では、「ひきこもりは先進国の現象だ」「資本主義社会の産物だ」といった説が盛んに唱えられてきた。そしてこれらの説を前提に「ひきこもりを生み出さない社会にするにはどうしたらよいか」といった議論が繰り返され、「人間の選別と序列を絶対的に廃止する」という理想が幾度となく掲げられてきた。

この理想はいかにも正しく聞こえる。完璧に平等な社会。まさにユートピアだ。そこでは、社会福祉学でよく使われる、「どんな人も無条件に肯定される」というフレーズが実践されるのだろう。優生思想の反対である。

しかし、はたしてそのような社会は実現可能だろうか。私たちの日常的な思考は、「条件つき肯定」に支えられている。個々の条件の良し悪しはさておいて、私たちは日々の契約から人生の一大事に至るまで、「条件つき肯定」を相互に繰り返すことで社会を営んでいるのだ。

---

03 **豆満江**　北朝鮮と中国の国境を流れている川。

たとえば就職であれば、企業は誰でも雇うわけでなく、自分たちのビジネスに適する、特定の条件を満たす人材を採用する。結婚であれば、年収や容姿、性格などの条件によって相手を選別している。ときに虚しいと思いながらもやめられない。

猛威をふるう新型コロナウイルスや、東北の沿岸を襲った津波が私たちに恐怖をもたらすのは、そういった自然現象が「条件つき肯定」という手続きを踏まないからでもある。どんなに条件を良くしても、相手に認められない。それを知り、私たちは絶望したり、恐怖に駆られたりする。

そしてこの「条件つき肯定」が人間の社会を作っているという残酷な現実は、資本主義を掲げる国でも社会主義を掲げる国でも同様だということを、パク・ナリの語りがよく示してくれているのではないだろうか。

資本を媒介しなくても、身分やコネクション、境遇や環境など、さまざまな属性を武器として、人は競争して生きている。多くの人は、自分が競争していることすら意識しないが、競争によって勝者と敗者が生まれている。敗者は挫折感や嫉妬心を抱き、落胆し、社会を厭い、自分だけの空間へひきこもる。

すなわち、いつの時代のどのような社会でも、人はひきこもりになりうるのではないか、ということだ。ひきこもっている者はたいてい苦しいが、だからといって、この世界からひきこもりを根絶しようという発想には無理があるように思うのである。

フランスのひきこもり ジョセフィーヌの場合

醜くて、軽蔑に値して、病的であるのは社会の方よ。

インタビューとは、常に双方が意気投合するものではない。そこには対決の要素がある。私とジョセフィーヌの間には、二〇一八年三月にインタビューが始まったときから、絶えず競合の気配が漂っていた。褒め、持ち上げ、讃え合いながらも、どこかお互いに挑み、相手を組み伏せようとしていたのである。「彼女」は誇り、私はそんな「彼女」の真実を探ろうとした。

そして、これは本書に収めた中で唯一の敵対的なインタビューとなったのである。

私ほど絶望している女は他にいない

ジョセフィーヌ　私は二〇代半ばの、とても魅力的で知性あふれる若い女性です。あなたが才能あるジャーナリストだと、ひきこもりの友人から聞きました。ＧＨＯ（世界ひきこもり機構）を通じて世界中のひきこもりと対話しようとされているとか。それで私は、あなたと話してみたいと思ったのです。

私のようなひきこもりは、この世界のどこかに他にいるかしら。私ほど絶望している女は他にいないと思うのよ。

ぼそっと　はじめまして。ぼそっと池井多です。そう言っていただけるのはとても光栄ですが、まず私は、あなたがおっしゃるような「才能あるジャーナリスト」ではありません。私は日本の無職の中高年のひきこもりにすぎません。それでよろしければ、対話にお付き合いください。私たちのやりとりは、後日どこかで発表させていただくかもしれません。

ジョセフィーヌ　いいでしょう。私へのお返事は決して急がなくて結構よ。急いでいいかげんなお返事をもらうより、たっぷり時間をかけてクオリティの高いお返事をいただいたほうが嬉しいから。クオリティが高ければ、どんな鋭い質問も歓迎します。

ぼそっと　諒解しました。そう言われると緊張しますね。

資本主義社会におけるうつ病

ぼそっと　あなたに私をご紹介いただいた、そのひきこもりの友人もやはり女性の方？　あなたは実際に会ったことはありますか。

ジョセフィーヌ　いいえ、男性のひきこもりです。ネット上だけの付き合いよ。リアルな友人や恋人はいません。私は一〇代からずっとこういう日々を送ってきました。騒がしい外の世界から逃れて、私は存在を完全に社会から消しています。あなたはどのくらいひきこもっているの？

ぼそっと　二〇代でひきこもり始めてから、「うちこもり」「そとこもり」「ガチこもり」などなど、いろいろな形態で断続的に三〇年以上ひきこもっています。今のあなたは、「ガチこもり」なのでしょうか。

ジョセフィーヌ　私はここ数年間、悪夢をさらに悪化させたようなうつ病の世界に住んでいるの。でも、もうそろそろ限界。ひきこもりの期間が長くなればなるほど、ひどくなっていく。でも社会に復帰するなんていう考えは、私に吐き気を催させます。

今の社会は本質的に、凡庸で俗悪な人たちに統治されています。そんな中で、私のように明晰な頭脳を持った高貴な魂が少しでも安らかになるための唯一の方法は、彼らから逃れ、社会から隔絶して生きることです。

ひきこもりは、とかく臆病で醜い、軽蔑に値する、不安神経症を患っている異常者として社会では語られます。でも私から見れば、醜くて、軽蔑に値して、病的であるのは社会のほうよ。

私たちは資本主義という冷酷な試金石の上で、繰り返し愚にもつかない能力を試され、人間的な価値をそぎおとされ、無力の底へとめどもなく突き落されていきます。現在、非常に多くの人々がうつ病という病気に苦しんでいることは、まったく驚きではありません。

私は、資本主義の泥濘《でいねい》に服従しません。雀の涙ばかりの報酬のために、ロボットの心を持つ奴隷なんかになりたくないからです。社会というサディスト集団に跪《ひざまず》きたくないからです。でも、敢然と表に出てそれらと戦うというのも一つの虚栄心だと思うから、そういう虚栄心からも卒業し、私はひきこもっているのです。

ぼそっと なるほど。なんかすごいですね。

ジョセフィーヌ 仕事と賃労働は、ともに奴隷制の産物です。かつてある人が言いました。「仕事は、そこから人間性が決して生まれることのない、人に課せられる屈辱の最悪のかたちである」と。

彼はかなり良いことを言っていますが、残念なことに語源を考えていません。古代ローマ時代までさかのぼれば、仕事(travail)というのは拷問を意味するラテン語に辿り着きますから、仕事が人に最悪の屈辱を与えるものだというのは当たり前だという話になります。

ドストエフスキーとニーチェは、私が座っている台座の頂上にとどまって、ニヒリズムを激しく非難しました。傑作『罪と罰』によって満場一致の喝采を浴びたドストエフスキーは、『地下室の手記』の語り手に大切なことを言わせています。

「賢い者は何者にもなれない。人々の上に立つ何者かになれるのは、愚か者だけだ」

私は何よりも純粋に抽象的なものだけを相手にします。私は内なる世界で空想を続けることを好みます。なぜならば、現実は瀕死の状態であるのに比べて、空想の世界はすばらしく、無限に面白いからです。

こうした私の精神構造が正しく分析されるならば、きっと私はニーチェやマルクスやショーペンハウエルやユングと同じタイプの人間であると判明することでしょう。

ぼそっと

私も若いころには、あなたと少し似たことを考えていました。私はあなたほど賢くもなかったし、あなたほどたくさんの本も読んでいませんでしたが、ニーチェとショーペンハウエルとドストエフスキーは、私にとってもなじみ深い人たちです。ただ、私の場合は、ユングの代わりにフロイトが入るかな。

今、私は五〇代も半ばを過ぎて、若いころのようには頭が働かなくなってきています。しかし、私はいまだに、まるで若者のように、あなたが言う「外の世界」に対して反発を感じます。だから、いまだにひきこもりなのでしょう。

おっしゃる通り、外の世界は資本主義の泥濘であり、人々は浅はかな欲望に駆り立てられて消費に走り、それによって経済が盛り立てられ、その虚構を維持することによってかろうじて現代社会が成り立っています。

フランスの精神科医ジャック・ラカンは、「欲望とは、常に他者の欲望である」と言いました。私たちはたいてい、本当にそれを自分自身が欲しいかどうかわからないまま、欲しがっているのです。そんなものに関わっていたら、こちらまで人生が不毛になってしまう。そんなあなたの危機感はよくわかります。「だから、ひきこもる」という選択は、同じひきこもりの私にとってはひどく納得できるものです。

あなたのような知性と知識があれば、大学教授か何かになれたかもしれませんね。

でもあなたはおそらく、知識人といえども、自分を尊重しない他者たちと付き合わなくてはならず、世俗の価値体系に縛られるだろうということが想像できてしまう。だから、あなたは知識人にもなろうとは思わない。

すると、あなたは何にもならず、その結果がひきこもりです。ここに、あなたが引用したドストエフスキーの言葉、「賢い者は何者にもなれない。人々の上に立つ何者かになれるのは、愚か者だけだ」が活きてくるのでしょう。しかし、そうなるとあなたは社会に評価されないから、怒りばかりがつのるのではないでしょうか。

最良の選択としてのひきこもり

ぼそっと　ところで、よく「人はパンのみにて生くるにあらず」とは言いますが、一方では「人はパンなしで生くるにあらず」ということも言えます。そこで、どうでしょう。あなたのパンの話も少し聞かせてくれませんか。

ジョセフィーヌ　パンの話？　どういうことかしら。

ぼそっと　たとえば、あなたが今どのように経済的に生き延びているのか。何を糧《かて》として明日のパンを買っているのか。両親と一緒に住んでいるのかどうか、といった話です。

そういう卑俗な話を、私たちは単に軽蔑して通り過ぎるわけにいかないでしょう。

ジョセフィーヌ　いいわ。お話ししましょう。

私は今、母と住んでいます。私はうつ病があまりにも重いので、一人で生活することができません。うつ病のために支給されている障害年金で暮らしています。父には二年会っていませんが、おそらく生きているうちにもう一度くらい会えるだろうと思っています。

私が今のような生き方を選んだのは、一七歳のときのことでした。他者に命令されて動くことをいっさい拒否してやろうと決心したのです。今思えば、それは私の人生の中で行なった最良の選択でした。

私の生活サイクルは非常に不安定です。モルペウス[01]の腕の中で一日を過ごすことがあるかと思うと、三時間から四時間という短い周期で寝たり起きたりすることもあります。

ぼそっと　人生で最良の選択をした背景には、どんな考えがあったのですか。

ジョセフィーヌ　繰り返しになりますが、賃労働とは奴隷制の一つの形式にすぎません。誰か他人に奉仕するために、自分の人生の時間とエネルギーを犠牲にすることです。そんなことは馬鹿げています。人は誰しも自分の時間とエネルギーを自分のために使うべきです。

たとえあなたが、あなたにしかない感覚と独自性を持った有能で貴重な人間であったとしても、資本主義社会の中では、あなたからそういう部分がすべて捨象され、ただのロボット化された奴隷として、抗うことのできない階層に隷従させられます。それは上下に非対称な階層であり、明らかに不平等です。

私たちが住んでいる冷酷な社会では、私たちは皆、使い捨て製品のような空っぽな殻《から》であり、個々に性格がまるで異なるクローンたちであるにすぎません。自殺とうつ病がこれほど高い率で起こるということは、とりもなおさず、私たちが本質的に病んだ社会に住んでいるということでしょう。私は、そのように私から人間性を剥奪《はくだつ》する社会で生活することを拒否します。

彼らの術中にはまってしまったら、知的にも人間的にも、もはや成長はありません。だから、私は誰からも命令は受けません。誰かから命じられて仕事をすることはいっさいありません。そういうふうに生きていこうと決めたのが一七歳のときでした。

01 **モルペウス(Morpheus)**　ギリシャ神話に登場する夢の神。ジョセフィーヌはここだけフランス語でなくラテン語で書いている。言うまでもなく、ラテン語はヨーロッパ人にとってやや衒学的《げんがくてき》な言葉である。

ぼそっと　きっとあなたは早熟な子どもだったのでしょう。そのときあなたは高校生だったのですね。高校は卒業したのですか。

ジョセフィーヌ　ええ、あのとき私は高校生でした。学校へ行くのは馬鹿馬鹿しいのでやめました。だから高校は卒業していません。高校卒業などという資格を取ったところで、私が持っている知識や内面性の高さに比べたら、その資格は不当に低すぎます。そんな資格で私の世界における価値が語られるなんて、まっぴらごめんでした。いずれにせよ、私は学校のカリキュラムなどではとうてい飽き足らないくらい、異様に高い知能を持っていました。それと同時に私は、狙った獲物は逃さない、直感に優れた猟師でもあり、学校のように管理された環境では、何事においても私が持つ才能や資質を発揮することはできませんでした。

ぼそっと　へえ、あなたは相当すごい方なんですね。今日、あなたの生き方を批判している人は、あなたの身近にいますか。

ジョセフィーヌ　いません。私への批判など、その辺の他者ができるわけがありません。私を批判してくるような身の程知らずの愚か者に出会わないように、私はあなたを含めた数少ないひきこもり仲間の他には、誰とも社会的な接触を持たないようにしています。

ぼそっと なるほど。だからあなたの価値があなたの中で揺るがないのだとも言えますね。今、あなたには何か不足しているものはありますか。あなたはこの世界からさらに何が欲しいですか。それとも、この世界からもはや何も欲しくありませんか。

ジョセフィーヌ 今の私が欲しいものと言えば、おそらく達成と評価でしょう。私のような高い知能を持った者は、その知能の所在を立証するような、凡人たちの及ばない何かとてつもなく素晴らしいことを成し遂げ、世の中の馬鹿どもを私の足元にひれ伏せさせなければなりません。でも、私はまだそれをやっていないのです。早くやらなくてはなりません。「自分は必ず何者かになる」というニーチェの言葉を、私はぜひ実践したい。

しかし、私は陳腐で平凡な達成は好きではありません。そのために私は、「なんでもいいから、とにかく何か私を評価してくれるような仕事をやってみる」というようなつまらないことは、試みようとすら思いません。

ぼそっと なるほど。あなたの言葉にはいろいろなことを考えさせられます。

ジョセフィーヌ 当たり前です。私のように知能の高い者と対話をすれば、人は誰しも多くのことを考えさせられなくてはなりません。

ぼそっと そうかもしれませんね……。しかし、お気に召さないかもしれませんが、あなたのように思っているひきこもりは他にもたくさんいます。多くのひきこもりは、自分が非常に偉いと思っているのです。けれど、彼らはそう思っているだけで、実際は大したことはありません。プライドが高いだけです。あなたはそんな連中と一緒にされてはたまらないですよね。

ジョセフィーヌ　もちろんです。失礼にも程があります。

ぼそっと　そこでお尋ねしたいのですが、あなたがそんな連中とは違うということは、どのように示せますか。

ジョセフィーヌ　簡単です。たとえば、私は非常なる文学的才能を持っています。その才能の高さに、しばしば私は自ら恐ろしくなるほどです。私は自分の作品の中で実践できる、言語への贈り物を数知れず秘蔵しています。[02] 私はドストエフスキー、ヘス、プルースト、ブロイ、セリーヌ、ボードレール、ナボコフ、ロートレアモン、そしてランボーなどの後継者に当たる者です。

だから、私はこの世界を自ら去るつもりはありません。最大限の誠意を込めてこう言いましょう。

「私はこの世界にはもはや何も期待していない、ということは決してない」と——。

インタビューの途中から、私はなぜか男性と話している気分になった。それと同時に、のっぴきならない不愉快さを覚えるようにもなってきた。

しかし、それはジョセフィーヌが書いてくることが「くだらない」言葉であったからでは決してない。むしろ、これまで他の誰も語らなかった、ひきこもりに関するある種の臭気を放つ貴重な真実が嫌というほど突きつけられたからである。聞いているうちにいくつもの新しい質問が頭に浮かんできた。しかしジョセフィーヌもまた、インタビューの途中で連絡が取れなくなり、それらすべての質問はとうとう最後まで問うことができなかった。

02 **私は自分の作品の中で実践できる、言語への贈り物を数知れず秘蔵しています**　要するにジョセフィーヌは、「自分は世界がひれ伏すようなすごい作品が書ける。ただ書いていないだけだ」と言いたいのである。そして、そのことを言うのにも、誰にでもわかる表現で言ってしまうと、自分の高貴さが凡庸になってしまうと考えているのだろう。

ひきこもりにとって理想的世界はどんなものですか。

台湾の映画監督 **盧徳昕**との対話

台湾出身でアメリカに留学中の盧徳昕《ル・テシン》は、「ひきポス」[01]英語版の記事などを読み、私を訪ねるためにわざわざ日本に来てくれた人である。

彼の頭の中には、あるひきこもりを主人公とする映画の構想があった。東日本大震災の津波が押し寄せてきたとき、高台へ避難することなく、部屋から出ずに波に飲まれてしまったひきこもりの青年がいた。彼の内的世界を視覚化する短篇映画である。

まずは、一般にひきこもりが何を考えているのかを知ろうとして、私に話を聞きに来たのだという。二人の対話は、哲学や経済、未来論など多岐にわたった。

ひきこもりの汚名と誇り

盧徳昕 私は、ロサンゼルスで建築を学ぶかたわら映画を制作しています。目に見えない現象を見えるものに変えることをいつも心がけていて、それで人々がひきこもりをどう考えているかということも知りたいのです。

ひきこもりの態様は十人十色であることをあなたから教えてもらいました。私の友達の中にも、今ひきこもりである者、かつてひきこもりだった者がいます。人ごみの中へ出かけていくことに何の問題も持たないひきこもりもいれば、いつも部屋に閉じこもり自殺ばかり考えているひきこもりもいます。彼らの状態は皆違うけれど、全員が同じ「ひきこもり」という語で示される何か共通の問題を持っているように思われます。

あなたは「ひきこもり」をどのように定義しますか。

ぼそっと 「ひきこもり」の定義はよく問題になるのですが、私は完璧な定義を作ることは不可能

01 **ひきポス (HIKIPOS)** 本書八五頁参照。

だと考えています。ちょうど「友達の定義」みたいなもので、何か定義案を作れば、そこにあてはまらない事例が必ず見つかります。しかし、とりあえずは近似値として、こうお考えになってはいかがでしょうか。「ひきこもりとは、何らかの意味で生き方が社会の主流秩序から外れ、自らをひきこもりだと考える人のことをいう[02]」

盧徳昕 私が考えるひきこもりの定義はもっと「症状」に近いものです。ひきこもりは、うつ病や強迫性障害などとともに起こります。でも一般的には、ふつうの人と違って「働いていない」ことが、ひきこもりの定義において重要視されているように思います。

ぼそっと 「ひきこもり」とは、病気の名前ではなく、社会的状態の呼び名です。「ひきこもり」と症状を強く結びつけてしまうと、「ひきこもり」を解決できるのは精神医療だけ、と考える人が出てくるでしょう。これは危険なことです。なぜあなたはひきこもりの定義に関心があるのですか。

盧徳昕 今、世界的に「ひきこもり」といえば、どちらかというと汚名だからです。少なくとも、格好良い存在ではありません。ひきこもりが差別されなくなる日は、いずれ来るのでしょうか。あなたが思い描く、ひきこもりにとっての理想的世界はどんなものですか。それは、ひきこもりであることを誇りに思える社会ですか。

ぼそっと 私は「ひきこもりであることを誇りに思う」とは言いません。でも、ひきこもりであっても差別されない社会に住めるようになるのはいいですね。すると、そのときひきこもりであることは社会問題ですらなくなるでしょう。そういう世界が他の社会的マイノリティの平等化と同じプロセスを通って実現されるかどうか、私にはわかりませんが、少なくとも平等化を目指すことはできると思います。そのために私たち——日本のひきこもりの一部は、いわゆる当事者活動をやっているわけです。

盧徳昕 あなたが「ひきこもりであることを誇りに思う」と言わないのはなぜですか。

ぼそっと ひきこもりが「ふつうの人」より偉いなどといったことはまったくなく、そういう見方は「ふつうの人」に対するコンプレックスの裏返しにすぎないからです。私はひきこもりになることを望んでいなかったし、目指したわけでもない。もし私が誇りにできるものがあるとしたら、それは「ひきこもりであること」ではなく、「ひきこもりになることによって生き延びる術を見いだした私自身」であることでしょう。

それはまったく予想もしなかった発明でした。行き止まりに見えた人生の道の奥に、

---

02 ひきこもりの定義 のちに筆者は、この案も容易には使えないと考えるようになった。なぜなら、もしこの定義が成り立つのであれば、たとえ皆が「あの人はひきこもりだ」と思っても「自らをひきこもりだと考えない人はひきこもりではない」ということになるからだ。たとえば、二〇一九年五月に起こった川崎市登戸通り魔事件の加害者を、ほとんどのメディアは高齢化したひきこもりの一例として報道したが、彼自身はひきこもりであることを否定したようであるから、この定義に基づけば彼をひきこもりとして報道するのは間違いということになるのである。

「ひきこもりとして生きる」という、知られざる小さなトンネルを発見したようなものだったのです。トンネルはとても狭いため、通っていこうとすると全身が傷だらけになりました。でもおかげで、私は行き止まりの場所から脱出することができたのです。

盧徳昕　「ひきこもりになろう」と志し、成就した、というわけではないのですね。

ぼそっと　そうです。たとえば私は一〇代のころ、五〇代の自分が今のような人生を送っているとは夢にも思っていませんでした。二三歳でひきこもりになったときは、どうして自分がこうなったのか、まるでわかりませんでした。だから私は絶望して自殺を考えました。けれども年月が経って、今はこう考えます。私がひきこもりになったのは、ある種の必然でした。ひきこもりになる前から、私にはひきこもりになる潜在的理由が揃っていました。あのまま「ふつうの人」の人生を送ることは、どう考えても私には無理でした。

今や私は、自分がひきこもりであることを受け容れています。もし私自身が私を受け容れてあげなければ、いったいこの世界で誰がそうしてくれるでしょうか。私には、私を受け容れる母なる存在がありません。精神科の主治医も私を敵とみなしました。だから生きていくために、少なくとも私だけは私自身を認め、私の味方になってあげなくてはいけないのです。

私は自分を必要以上に正当化したいわけではありません。しかし、私は自分がひきこもりとして生きているのはなぜかということを、私自身のために代弁してあげる必要があります。あなたも語っているように、今の社会においてひきこもりは不名誉な存在だからです。

ひきこもりのユートピア

盧徳昕　ひきこもりにとってユートピアとはどういう社会なのでしょうか。

ぼそっと　私は、「ひきこもりであることが問題ではない社会[03]」というのが、その答えだと考えています。ひきこもっていても、それが何ら不名誉なことではない社会。ひきこもっていることに肩身の狭さを覚えなくてよい社会。もしそういう社会が実現したら、ひきこもりはもっと楽に生きられるのではないでしょうか。それどころか、社会からの圧力を感じなくなれば、逆に外へ出ていくひきこもりが現われるかもしれません。社会的

---

03 **ひきこもりであることが問題ではない社会**　二〇二〇年三月、新型コロナウイルスのため外出の自粛が要請され、図らずも「ひきこもりであることが問題ではない社会」が一時的に出現したとも考えられた。予想通り、そうした時期に限って外へ出ていきたくなるひきこもりが現われた。

圧力がひきこもりをさらにひきこもらせている側面があるからです。

盧徳昕　あなたの一日はどんな感じですか。

ぼそっと　私はだいたい一日一四時間寝ています。無理して八時間睡眠などにすると、起きているあいだも居眠りばかりして頭が働きません。たいていは一一時ぐらいに起き上がって、朝食兼昼食をとります。やがてパソコンをつけて、インターネットをのぞき、メールなどの返事を書きます。すると眠くなるので昼寝をします。起きて記事を書きます。夕方、買い物に出ます。以前はもっと遅く、夜に買い物へ出ていました。夜七時ぐらいに夕食をとります。作るのが面倒くさいので、メニューは昼と同じです。その後、夜九時ごろ、体育館の閉館まぎわに運動しに行きます。最後の時間帯は空いていて、運が良ければ私一人ですから。運が悪ければ、更衣室などで地域の人々と世間話をしなければなりません。これが苦痛です。帰ってくると一〇時ごろ。一二時ごろには寝てしまいます。

盧徳昕　繁華街のような人ごみに出かけることはできますか。

ぼそっと　できます。講演をするために人前に出ることもあります。が、そういうことは、私の中ではまるでお祭りのように非日常的な出来事なので、かなり前から準備しなければなりません。普段出かけない生活をしているので、いざ出かけるとなると、服から所持品から、いろいろな物を揃えるのが大変です。何といっても、「心積もり」という準備が一番大変です。

ゲームをするときだけ膜が剥がれる

盧徳昕 ところで、あなたがひきこもり始めたころは、まだインターネットがなかったでしょう。

ぼそっと ええ。一九八五年当時は、たしかにインターネットはなかったですね。部屋にひきこもれば、もう他者との交流は手紙を書く以外になかったので、あのころの孤立感は今よりもっと決定的でした。

一九九〇年代後半に私もインターネットを使い始めました。私は今、生身の人間に会うよりもはるかに多い時間をインターネットに費やしています。

盧徳昕 台湾ではよく、学校や仕事に行かない若いひきこもりに対して、両親は彼らのパソコンの電源を引き抜いてしまいます。しかし彼らひきこもりは、「インターネットばかりやっている」のではなく、「心の中にインターネット以外に何かをやるスペースを持っていない」のだと思います。

ある友達は私にこう語りました。「自分の表面に膜が張られているように感じる。ゲームをするときだけその膜が剥がれて、現実と直接触れ合える。だからゲームをやり続けるのだ」と。それが彼の見方なのです。そういう彼らのパソコンの電源を引き抜いてしまってよいものでしょうか。

ぼそっと それは人権侵害ですよね。私は、あなたのお友達の語った「自分の表面を覆っている膜」という表現にピンと来ました。そのお友達は、広い意味で嗜癖《しへき》者の心理を語っているのでしょう。たとえば、仕事依存症（ワーカホリック）の人は、仕事をしている時間だけ活き活きしていると言います。その膜が開いて現実に触れられるからです。アルコール依存症の人は、お酒を飲んでいるときだけがそうです。

けれどもここでこんな声が出てくることでしょう。「仕事依存症の人はまだマシさ。何かを生み出し、お金を稼いでいるのだから。お前たちひきこもりは、ゲームをやっていようといまいと、なんにも生み出さず、お金を稼がないじゃないか」と。

盧徳昕 ありえますね。

ひきこもりの「一発逆転」

盧徳昕 じゃあ、ここで聞かせてください。ひきこもりはお金を稼ぎたいのでしょうか？

ぼそっと 世間には、「ひきこもりはお金を稼ぎたくないからひきこもりをやっているのだ」と考えている人が多いことでしょう。たしかに、ひきこもりの間には、「不毛な経済活動になんか参加したくない」「かけがえのない人生の時間を金稼ぎなんかに費やしたくない」と言う人がたくさんいます。しかし一方では、「自分はお金を稼がないぞ」という強い信念を持っているひきこもりもいないのでは、と思います。

でも、もし私たちが口に出してこう言ってしまったら、どうなるでしょうか。

「ぼくは働きたくない。でもお金は欲しい。ぼくはとても価値ある人間だから、世間の人たちは何も見返りを求めずに、ぼくという人にお金をくれるべきなのだ」

こうなると、せいぜい自己愛性パーソナリティ障害という診断を下されるのがオチですよね。

「お金が欲しい」と「経済活動に参加したい」との間には、私たちにしてみると大きな距離があるのです。私たちの多くは「お金が欲しい」と「お金なんて要らない」という二つの考えのあいだを極端に揺れ動いているのではないか、と想像します。

二〇代、三〇代などの若いひきこもりたちは、五〇代の私などよりも、たとえば「一攫千金」といった夢を抱くことがはるかに多いのではないでしょうか。彼らの中には、「自分はこれまでの人生の時間をひきこもりとして無駄にしてきたから、それを取り戻すためにも〝一発逆転〟を狙いたい」などと考える人もいるようです。

盧徳昕 あなたもそう考えていますか。

ぼそっと まだ二〇代だったころ、私にもそういう焦りがありました。でも私の場合は、「一攫千金」や「一発逆転」に向けて何か具体的に行動するということがありませんでした。宝くじ一枚買ったことがありません。
ただの臆病だと思われるもしれませんが、振り返ると、それは無意識的な選択だったのだと思います。「いまさらお金持ちになるために具体的に何か始めても、ひきこもりという、金稼ぎでない方向で獲得される豊かさが、金稼ぎに費やされる労力や時間によって浸食されるだけなのではないか。それではいくらお金が入ってきても、人生が貧しくなる。一番よいのは、吾唯知足[04]というやつだ」と考えたのでしょう。

盧徳昕 今はどうですか。

ぼそっと 五〇代の私は、もう二〇代のころのように「一攫千金」「一発逆転」を夢見ていません。
また「過去のひきこもりの歳月が無駄であった」とは、まったく思っていないのです。
今、私は断言できます。「ひきこもりの歳月は、私が私になるために必要だった」と。
結局私は、人生においてお金よりも時間を取ったということでしょう。私にとって「働く」とは、自分の人生の時間を売り、お金を買うことでした。母の言いなりになり、自分を棄てることでもありました。「お金を稼ぎたい」という欲望は、「自分を幸福にできるものはお金だ」という信仰に基づいています。最低限生きていくだけのお金は常に必要ですが、私の場合、最低限を上回ってお金を稼ぐよりは、母に剥奪された自分の尊厳を取り戻すことのほうが重要であり、そのほうが自分を幸福にできたのです。

親への罪悪感と儒教文化

盧徳昕 私が友達から聞いた限りでは、彼ら若いひきこもりがお金を稼ぎたいのは、自分が儲けたいからではなく、両親に対する罪悪感を払拭したいからだそうです。彼らは自立して、罪の感覚から逃げたいのです。

ぼそっと 私も二三歳でひきこもりになるまでは、そういうふうに考えていたかもしれません。「自分は生まれながらにして両親に何かを負っている」「自分が今日あるのは両親のおかげだ」と。それは両親や社会から言われてきたことを鵜呑みにしていた結果でもあります。

04 **吾唯知足（われただたるをしる）** 禅の言葉。「これで十分じゃないか」と思うこと。

しかし、今の私はそのように考えていません。私は両親に「そうしてください」と頼んだ覚えはないのに、彼らは自分たちの自己実現のために、彼らが考える教育を虐待的な手段で私に押しつけたのです。両親は「育ててやった」としきりに私に恩を着せようとしましたが、私がそこで恩を着せられたり、両親の思うようにならなかったことで罪悪感を持つ必要はまったくないと思っています。

だからあなたのお友達も、今は両親への罪悪感などと言っていても、将来何と言うかはまだわからないのではないでしょうか。

盧徳昕　ええ、今はまだ何とも言えませんね。

ぼそっと　一方で私は、私の事例が普遍的なものだとは思いませんし、あなたのお友達が言う「親を安心させたいからお金持ちになりたい」という気持ちも理解できます。日本の若いひきこもりの中にも、親に対してそう思っている人は多いかもしれません。

ところが私の印象では、フランス、イタリア、アメリカといった西洋社会のひきこもりたちは、親に申し訳ないといった感覚をあまり持っていないようなのです。少なくとも私たちアジア人ほどには、親への罪悪感が強くないように見えます。

「親に申し訳ない」というプレッシャーを抱くのは、ある意味、アジア社会におけるひきこもりの特徴かもしれませんよ。

盧徳昕 台湾も日本も、儒教の影響を受けてきた文化圏ですね。

ぼそっと 儒教は私たちに、「子は親を敬え。年少者は年長者を尊重しろ」と教えてきました。それが一概に悪いとは思いません。もともと儒教は親子の間に調和のとれた関係性を提示していたからです。たとえば、昔は「孝慈《こうじ》」という言葉が使われていたといいます。つまり、子が親に尽くす「孝」と、親が子をいつくしむ「慈」は、セットで使われるのが前提だったようなのです。

ところが時代が下るにつれて、子に対して「慈」を持っていないくせに、子に「孝」を要求する親が増えてきた。あるいは、自分の身勝手な自己実現を子どもに押しつけることが、子を愛すること――「慈」だと勘違いする親が増えてきたのではないでしょうか。

こうして儒教的な親子関係は、子どもが親に見返りを求めず一方的に従うことだと考えられるようになっていきました。社会もそれを肯定し、推奨しました。これは本来の儒教の考え方ではないのではないかと思います。こんにち「孝慈」という語は、日本では使われません。もし孔子が現代に生きていたら、「親、慈ならざれば、子、孝するにおよばず」とかなんとか言ったかもしれませんよ。

盧徳昕 なるほど、それは理にかなっていますね。多くの人は「家族」が社会における最小単位だと捉えています。そして家族の成員は、ずっとつながっていなければなりません。社会がそう望んでいるからです。私は、これは非常に危険な思想であると思います。もし両親が子どもを愛していなかったらどうでしょう。もし子どもが親を好きではなかったらどうでしょう。彼らはいったいどうしたら、お互いを傷つけないために、家族という見えない鎖を断ち切って、自分たちを解き放つことができるでしょうか。

人々はこの話題を避けています。なぜならば、「自分の家族が嫌い」ということは、あってはならないからです。私の考えでは、こういうメンタリティが見られるのは、やはりアジア社会です。

ぼそっと

それは大変面白いですね。私は二〇一七年一二月に、ＧＨＯ（世界ひきこもり機構）をインターネット上に作りました。地球上すべてのひきこもりがつながり合うことをより簡単にするためです。そこで私は、ひきこもりという現象が起こっているのは何も先進国だけではないということを知りました。そして、どのようにひきこもりが生まれるのかについて、容易には言葉にできないながらも、世界に共通する構造や要因があるように思えてきました。

しかし一方では、世界共通ではない、ひきこもり生成の要因もあるはずだと考えています。ちょうど、アジア社会においては、儒教の影響がひきこもりを生み出す間接的な原因として認められるかもしれない、というように。いずれにせよ、ひきこもりについては多くのことがわかっていません。世界中からひきこもりに関するもっと広汎なデータや事例を集められたら、きっと私たちはひきこもりに関してもっと正確な事実を語れるようになるでしょう。

人工知能はひきこもりを解き放つか

盧徳昕　ひきこもりに関する、おそらく世界共通のことについて、もう一つの論点を挙げさせてください。それは科学技術とひきこもりの関連性です。

ぼそっと　壮大な話になってきましたね。

盧徳昕　あなたは、ＶＲのようなメディア、アニメ、マンガ、没入型テクノロジーなどの技術が、ひきこもりになるための要因たりうると思いますか。現代の新しいメディアが人間にもたらす問題を挙げる人は多いですが、実際それらは彼らにとって自分を「引き出す」のに便利なきっかけを作ってくれていますよね。

ぼそっと　前に言ったように、私がひきこもりを始めたころはインターネットがありませんでしたから、私自身がひきこもりになったことやひきこもりであることと、テクノロジーの発達は、直接的には関係がないと思います。しかし、インターネットができたことで、ひきこもりはより快適にひきこもりを続けられるようになったということは確かでしょう。

科学技術の発達は、私たちの生活をいろいろな面で便利にしました。たとえば、今日あなたと私がこのようにお話ができているのも、科学技術のおかげですよね。インターネットがなければ、遠い国に住んでいる知らない者同士がこうして出会って話をすることもなかったでしょう。あなたの言い方を借りれば、インターネットというテクノロジーが、私たちをこの場へ「引き出して」くれたわけです。

しかし、テクノロジーには、私たちから人間性を奪っていく側面もあります。フランスの哲学者ミシェル・フーコーは、たしか一九六四年に、「私たちが人間らしくあることができるのも、たかだかあと一五〇年だ」といったようなことを言いました。それから五〇年あまりが経って、人工知能やロボットが至るところで活躍し始めている世界を眺めてみると、彼の予言が当たりつつあると思います。

すると私たちが、なぜこうやって生きているのか、生きている時間をどのように使うべきか、わからなくなってくる人もいるのではないでしょうか。つまり、テクノロジーの発達が、私たち人間から生きる意味を奪い取っていくことがある。機械や人工知能が人間に代わってすべての仕事をやってくれるようになり、人間はただそれらを享受し、消費するだけの存在になっていくかもしれません。

そして、それはひきこもりの増加の遠因にもなりえます。「こういう仕事はみんな人工知能がやってくれる。自分が働く必要はない」と思う人が増えるからです。すると働かなくなる。テクノロジーの発達は私たちに、「こんなことまで機械がやってしまう。お前など機械に使われていればいい。それでも働くか、働かないか」という選択を突きつけ始めたのです。

盧徳昕　テクノロジーの発達でがっかりしているひきこもりはいるでしょうか。

ぼそっと　いると思います。たとえば私自身も、人工知能が発達してがっかりしている一人です。

私は若いころ、自分の外国語の能力を使って社会になんとか出られないか、と考えたことがあります。しかしこれからの世の中、そんなことは自動翻訳がやってしまいます。私は要りません。また日本酒の好きな私は利き酒に自信がありました。ところが今では酒を機械に一滴垂らしただけで成分が測られ、酒が判断されてしまう。私は要りません。

働いてもいない私が、活躍できるチャンスが減ったことにがっかりしているのです。働いている「ふつうの人」が聞いたら大笑いでしょう。「人間の仕事が減っていくことに対しては、働いている人だけが落胆する資格を持っているのでは?」などと言うのではないでしょうか。

しかし、これは単純に割り切れることではないように思います。仕事が減っていくことによって働いていない人間の存在が脅かされることの背景には、人間存在にとって自己有用感がどれほど大切なものか、といった問題が隠れていることでしょう。

ひきこもりは単に働きたくない人ではなく、自分なりの方法で自分の価値を最大限に活かして働きたいと思っている人だということも、ここからあぶり出されてくるように思うのです。

ベーシック・インカムが解決策なのか

盧徳昕

ジャック・アタリは二〇〇六年に出した著書[05]において、「将来的には人工知能やロボットやアルゴリズムが完全に人間の労働を肩代わりしてくれるようになり、すべての国境がなくなって、人々は社会階級や人種や性別に閉じ込められることなく、ベーシック・インカムによって満ち足りた生活を送れるようになるだろう」と書いています。これは大変美しい未来予想図です。しかし、実現はとても難しいでしょう。あなたはこの未来予想図をどのように考えますか。ひきこもりの未来を解決するものになるでしょうか。

ぼそっと　ジャック・アタリの予測は、ひきこもりの収入源などの問題に一定の解決をもたらすかもしれませんが、しかし「ベーシック・インカムがひきこもり問題の解決である」と言い切ることはできないと思います。「ひきこもりである」ということの中には、収入源だけではない、さまざまな問題があるからです。

もし彼の未来予測が実現したなら、そのときにはもう世界の人々は働いていないでしょう。すると、「働いていない」と言ってひきこもりが責められることはなくなります。それはひきこもり問題の解決のように思えますよね。ところが、三〇代の私がそうであったように、ひたすら他者に会うのを恐れている「ガチこもり」の人にとってはどうでしょう。たとえ人間がやるべき仕事がなくなっても、相変わらず人々は互いに会ったり訪問し合ったりしているでしょう。恋愛や別れも、今と同じように行なわれることでしょう。多くの人にとっては、それが人生の楽しみですからね。

すると、どうしても社交的な人間がもてはやされると思います。付き合いの広い人が力を持つという点は、今と変わらないのではないでしょうか。そのことはひるがえっ

05 **ジャック・アタリの二〇〇六年の著書**　日本では、二〇〇八年に林昌宏訳で『21世紀の歴史——未来の人類から見た世界』（作品社）として刊行されている。

て、人に会わないひきこもりが見下される、ということになっていくでしょう。

盧徳昕 人間関係を司っているのは、経済力だけではありませんからね。

ぼそっと そうなのです。私の知り合いの中には、次のような意見を持っている日本のひきこもりもいます。

「もしベーシック・インカムが実現すれば、私たちは働かなくてもお金がもらえる。それはよい。でも、私は人々からこのように言われて社会から追い払われたように感じることだろう。『よしよし、お前たちにはこのお金をあげるから、どうかあっちへ行ってて。ここは働く人たちの場なんだから、邪魔をしないで』と」

つまり、社会に参加したくてもできないという葛藤を抱えているひきこもりは、ベーシック・インカムの導入によって、人間として余計に疎外されたように感じるかもしれないということです。ひきこもりの中には、内的な問題の解決を先延ばしにするために、暫定的にひきこもりであることを選択し続けている人が多いです。そういう人々は、ひきこもりであることによって多くの矛盾を抱え込んでいます。これらの矛盾が、ベーシック・インカムの導入によって一気に噴き出すかもしれません。

盧徳昕 もはやごまかしが効かなくなってしまうわけですね。

ぼそっと 人は皆、「自分の人生が意味のあるものであってほしい」と願うものではないでしょうか。そのために、多くの人は仕事に「すがる」のです。「自分はこういう仕事をしている。だから自分の人生は意味のあるものなのだ」と納得するために仕事をしています。ところが、もしそういう人が「これからは人工知能が仕事をするから、あなたはベーシック・インカムをもらって、ただ生きているだけでいいですよ」と言われたら、どうなるでしょう。その人は「自分の人生に意味があるように思えない」という問題を抱え込むことになります。

その観点からすると、ひきこもりとは、成育歴やその他の影響によって、仕事にすがることでは自分の人生に意味があると感じられない人だと考えることもできます。たとえば私がそうです。仕事をすることによって人生に意味がもたらされないものだから、仕事をしないでひきこもっているというわけです。

盧徳昕 なるほど、ひきこもりと仕事の関係を、そういう角度から考えることも可能ですね。

ぼそっと このことは、ひきこもりという存在はやはり単なる「働きたくない人」ではない、という事実を物語っているかもしれません。むしろ、自分なりの方法で主体的に働きたい人がひきこもりになっているかもしれないのです。また、ベーシック・インカムを導入すると人が働かなくなるというわけでもない、という実験結果[06]が出ていることも忘れることはできないでしょう。だから私は「ベーシック・インカムの導入がひきこもり問題を解決する」などとは思いません。

盧徳昕　では、ひきこもり問題の解決を離れて、ベーシック・インカムという政策の実現可能性についてはどうお考えですか。

ぼそっと　もし一つの国でベーシック・インカムを導入すれば、各国に経済格差があった場合、世界中から導入国に移民が押し寄せてくる可能性があります。お金のためだけに働いている人々の中には、働かないでお金がもらえるなら天国だ、と考える人もいるだろうからです。だから、導入に際しては、国際的に同時に始めるのが理想だということになってくるでしょう。

ところがそうなってくると、その時点での世界各国の経済水準の格差をどう解消するか、という問題が出てきます。そこでジャック・アタリが言った「国境の廃止」という案が出てくることでしょう。

しかし、さまざまな国際的な動き[07]を見ていると、世界中のほとんどの人が国家というものに自己のアイデンティティを投影していることがわかります。だから国境をなくすにも長い時間がかかるでしょう。

私たち人間は、自己を投影する何かを必要としているものです。もし国境がなくなっても、人々は国家に代わる何かを、すなわち自己を投影できる新しい共同体を作り出すのではないでしょうか。それはつまり、国境に代わる新しい境界線が作られていく、ということにつながると思います。

ひきこもりという「最適な人生」

盧徳昕　最後になりますが、ひきこもり当事者として、他のひきこもりたちへあなたの考えや理念を何かお伝えいただけませんか。

ぼそっと　それでは、当事者として他のひきこもりの方々と対等な立場から、こういう提案をさせていただきたいですね。

---

06 **ベーシック・インカムの実験**　フィンランド政府は、二五歳から五八歳までの失業手当受給者の中から無作為に二〇〇〇人を抽出し、二〇一七年から二〇一八年にかけて月額五六〇ユーロ（当時のレートで約七万円）を給付することでベーシック・インカムの実験を行なった。その結果、雇用への影響はみられなかったという。二〇二一年からはドイツでさらに本格的な実験が始まる予定である。

07 **さまざまな国際的な動き**　この対談は、イギリスでのＥＵ離脱を問う国民投票や、トランプ米大統領によるメキシコ国境の壁の建設の直後の時期に行なわれた。

人は誰しも、「どのように生を全うするか」という問題に関して、たくさんの選択肢の中から、意識的に、あるいは無意識的に、答えを選び取っているものだと思います。言葉を変えれば、みんな知ってか知らずか、その人に与えられた条件をすべて汲んで、その上で結果的に最適な人生を歩んでいるのではないでしょうか。「ひきこもり」も、そんな最適解の一つなのです。

先ほど私は、自分が初めからひきこもりになろうと思っていたわけではないことをお話ししました。それは、「ひきこもりになる」という意識的な決定をしたわけではないけれども、私の無意識が、私の意識よりも私のことを知っていて、私を現在ある私へと導いてくれ、今の私はその結果にとりあえず満足している、と言い換えることができます。

さらに、ひきこもりが社会で不当に蔑《さげす》まれているのを知って、なおさら私は「自分はひきこもりである」とのアイデンティティを進んで取るようになりました。このことは、「選ぶ」という一つの動詞に押し込めて表現するのには無理があります。なぜならば、「私はひきこもりとなることを選んだのか」と聞かれるなら、答えはイエスでありノーでもあるからです。そして、それは矛盾していません。

したがって、もしあなたが今日ひきこもりであるなら、この世界の中でひきこもりであることが、今日のあなたにとっては最適な人生であることを、ご自分のためにまずは認めてあげることがよいのではないでしょうか。そして、その上でできるならば、親や家族など周囲の人々にもそれをわかってもらう方法を考えてみてもいいかもしれません。

もちろん、「ひきこもりが最適な人生だ」と言ったところで、生きていくのに必要なお金をひきこもり自身が稼ぎ出しているわけではないという現実が消えてなくなるわけではなく、それはそれで考えていかなくてはならないのですが、だからといって、「働いていない」「稼いでいない」という事実だけに劣等感を抱いていたら、事態は悪化するだけだと思います。

私たちは、ひきこもりという汚名を着せられている立場を、たとえ受動的であっても毎日、選択しているわけです。今日もハローワークに行かない、明日も行かない、というように。そんな自分を認め、そんな自分にこそ誇りを持ってあげるのはいかがでしょうか。なぜひきこもりを脱しないか、脱することができないかを、親を含め他者に説明できるのは、世界で自分だけです。

一生ひきこもりとして生きていこうと決めていても、逆にいつの日かひきこもりを脱したいと考えていても、まずはそこが出発点なのではないかと私は思います。

盧徳昕の映画は、その後『The Last Choice ～もがき～』と題して完成された。対話のときの私の声が、そのままナレーションとして使われている。「The Last Choice」（最後の選択）という英題と「もがき」という日本語の副題のあいだには意味上の距離があるが、どちらも捨てがたかったようだ。

たしかに、ひきこもりの心の内には「外へ出なければ」という義務感と、「外へ出られない」という現実感が錯綜し、「もがき」として渦巻いている。だが、それは「選択」ができないからもがいているとも言えるのだ。

二〇一一年三月一一日、海がかつて見たこともないほど高く膨張し迫ってきて、そのまま津波に飲み込まれてしまったひきこもり当事者は、はたしてそのとき盧徳昕の映画のタイトル通りに「そのまま部屋にひきこもる」という人生最後の「選択」をしたと言えるだろうか。

おわりに——ひきこもりのインタビュー論

「ひきこもり当事者にインタビューをしたいので誰か紹介してくれないか」

とヨーロッパのあるテレビ局が接触してきた。私はしぶしぶメールを重ねて打ち合わせをした上で、条件に合うＧＨＯのメンバーに、

「こういう取材があるんだけど、受けてみる気はない？」

と提案してみた。インターネットを介して三者で話し合い、話がまとまってきたので、私はそこから抜け、テレビ局と当事者の二者にやりとりを委ねた。

ところが、そこから交渉は決裂してしまった。ひきこもり当事者は何やらえらい剣幕でたいそうな金額をテレビ局に要求している。一方、テレビ局は、「そんな金を支払う理由はない」と突っぱね、それまでさんざん予算を投じて進行してきた計画が番組という形に実らないことに

苛立っていた。

いったい何が起こったのか。双方から話を聞いてみると、本当は金を払うの払わないのといった性格の問題ではなさそうだった。テレビ局の当事者への接触の仕方が悪かったものだから、ひきこもり当事者は傷ついて大きな怒りを覚えていたのだ。しかしどのようにその怒りを表明すれば良いかわからないために、大金の請求などという事態に発展してしまったのである。

テレビ局は、自分たちの何がいけなかったのか、さっぱりわからないらしい。たしかに一般常識から言えば、彼らが何か悪いことをしたわけではなかった。ひきこもりの感受性を理解しないまま、「ふつうの人」に対するのと同じような取材を敢行しようとしただけである。

一つ一つのすれ違いは些細なことだったが、「ふつうの人」とひきこもり当事者とのコミュニケーションがいかに難しいかということを改めて私に考えさせる事件となった。

本書に収められているのは、私が「ふつうの人」ではなく、ひきこもりだからこそできたインタビューの数々である。インタビューと言うと聞こえはいいが、要するにひきこもり同士のおしゃべりにすぎない。しかし、もともとインタビュー（inter-view）とは「見方を交換する」「観点の交流」という原義であるから、その意味からすると、私たちが行なったのは大変基本的なインタビューであった。

島国である日本で、言語が異なる人と交流（インタビュー）できるのは、かつては国費留学生のように特権的な立場にあった者に限られていただろう。「はじめに」でも言ったように、地上の世界は「外」である。部屋の扉を開けて「外」へ出る。さらに国から「外」へ出る。そうすることで初めて異言語での交流が可能だった。

それが今やひきこもりのように部屋の「内」に留まり、モニター画面の「内」へ没入することによって、特権的な立場になくとも異国の人へのインタビューが可能になった。もはや言語の違いすら障壁ではない。自動翻訳の発達により、外国語を知らない人でも外国語で会話ができるようになったからだ。異言語の交流の場所は、こうして「外の外」から「内の内」へと変化したのである。

多くのひきこもりは、インターネットに向かい合っている時間が「ふつうの人」よりはるかに長い。こうなると、部屋を出て活躍している「ふつうの人」よりも、部屋から出ないひきこもりのほうが言語が異なる人と交流している時間がかえって長いのではないかとさえ思う。

しかし、たとえば大新聞など既存の職業的なメディアはこのようなインタビューを掲載しないだろう。なぜなら、相手が実在するのかどうかが不確かだからである。私はインタビューの相手の顔も見ていないし、声も聞いていない。

例外的に、エトゥンディのようなオープンな当事者は自分の顔写真を送ってきてくれたが、大方のひきこもりは「見られる」ということを嫌い、知らない相手に自分の顔を見せることはない。となると、私がインターネットを介してテキストでしゃべっている相手は、ただのなりすましか虚構の存在であるかもしれないのである。

だが逆に、「実際に相手に会った」という事実が、相手の語った情報を信じるに値するどれほどの根拠になりうるというのだろうか。

たとえば、ある著名なジャーナリストが、日本において原発の再稼働や沖縄の米軍基地といったセンシティブな問題について現地の市民にインタビューをすると、日によって違うことを言う人がいる――と書いていた。ある日は「賛成」、またある日は「反対」と答えるらしい。いったいこのインタビュイーの本当の意見はどちらなのかとジャーナリストは首を傾げる。こうしたインタビュイーの中には出たがり屋もいて、メディアに出られさえするのなら、取材者の意向に従って賛成と反対のどちらの意見でもしゃべるというのである。

こうなると、実際に会い、顔を見て取材したからといって、そのとき発せられた言葉の信憑性は必ずしも高いとは言えない。インタビュイーは取材されるのがうれしくて、嘘をつこうという意識がなくとも結果的に嘘をついてしまうことだってありうるだろう。

けれども、これはインタビュイー側だけの問題ではない。たとえば、ワイドショーなどにある「街の人に聞いてみました」といったコーナーを考えてみよう。あれは、マイクを持って一般市民に近づいていくリポーターの表情で、インタビュイーの答えのかなりの部分が決定されていると思う。リポーターが晴れやかな笑顔で接近するか、沈痛な表情で近づくか——それによって「街の人」は自分に求められている意見を大方察知する。結局、このインタビューには、インタビュアーによる誘導と演出が働いているのである。

　そう考えると、出たがり屋の対極にあたるひきこもりのほうが、たとえ顔を見せないインタビューであっても、いや、そうであるからなおさら、顔を見せる「ふつうの人」のインタビューよりも信頼できる言葉をしゃべっているとも考えられるのである。

　ことに、ひきこもりに関する事実においてはそうである。日本だけでなく世界のどこの文化でも、なぜかひきこもりは恥とされるため、多くのひきこもりはひきこもりに関する事実を語るときに顔を見せたがらない。たとえば、本書五六頁に登場するテルリエンヌなどは、もし私が彼女の村に住み顔を知っている人間だったなら、あるいは対面でのインタビューを申し込んだのなら、決してこの本に収録されたようなことを私に語ってくれなかっただろう。相手の実在が確認できないインタビューだからこそ、引き出せた〝真実〟だったと私は思うのである。

　しかし、そのように自画自賛してばかりもいられない。ひきこもりもインタビュアーによって十分に操作されうる。

たとえば、インタビュアーがひきこもりを取材しようとして、「あなたは働きたいですか」と質問すれば、そこで「いいえ、働きたくありません」などとはっきり答える当事者はまずいない。「働きたくない」という意思表明には少なからずやましさがつきまとうので、まさか「働けるけど働かない」などとは言えず、「働きたいけど働けない」などとお茶を濁す人が多いのである。

よく知らない相手に対しては、人は心の深いところにあるものをなかなか語れないものである。このことが、インタビュアーとの人間的距離によってインタビュイーの答えが変わってくることにつながる。とくに人間不信、社会恐怖の強いあるひきこもりには、それが顕著である。

一方でメディアは、何でも「これは社会の問題だ」「政治が悪い」というところへ落とし込みたがる。そうすれば、報道としての体裁を整えられるからだ。ひきこもりのように、個人の心の葛藤が大きな比重を占める問題もまた例外ではない。

こうして「働きたいけど働けない、可哀想なひきこもり」といった報道ができあがる。ひきこもりは日本社会が生み出した雇用問題であるといった結論に収束されていき、「働く」という行為そのものに対してひきこもりが抱えている内的葛藤や、その背景に埋もれる成育歴などは振り返られなくなる。結果的に、ひきこもりが本心で望んでいるものとは異なる方向性を持つ支援制度が設計され、行政の予算が無駄づかいされていく……。

本書に収録したインタビューは、ほとんどが直後にインターネットで一度、発信されたものである。しかし、それから古いものでは二、三年の月日が経ってしまった。そこで、できる限りインタビュイーの了承を得た上で内容の更新を行ない、新たに編集して収録することになった。なお、本書で使用している写真やイラストは、とくに言及のない限り、当該のインタビュイーから提供されたものである。

人は相手によって話し方が変わる。心を寄せ合うような対話では、どこか口調が相手に似てくる。これらのインタビューでもそうであった。原語で交わされたそんな対話の調子が、日本語に訳されても失われないように心を配った。表記や表現が各章によって異なるのはそのためである。

「世界のひきこもり」などと言うと、なにやら図鑑のタイトルのように思えるし、世界中のひきこもりを完全に網羅しているわけではないので気が進まなかったが、編集者の強い勧めによってそんな題名をつけさせていただいた。

この本の企画は、二〇一九年初めに持ち上がった。「前代未聞の本になるんじゃないか」などという自惚れや期待があったが、それから一年半が経つ間に、ＧＨＯの加入者は全世界で五〇〇名に迫り、日本以外の国のひきこもりは珍しい話題ではなくなった。すでに各国のメディアでひきこもりのことが報道され、ＧＨＯの支部のようなものも地球上のあちこちに生まれている。最近では「ひきこもりブラジル」から連絡が届いたところだ。

完成を間近に控えた二〇二〇年三月、世界は新型コロナウイルスに見舞われ、本書の刊行も延期せざるをえなくなった。

コロナ禍は、世界中の人にひきこもりを体験させた出来事でもある。「ふつうの人」たちにとっては、おそらく特別な記憶となったにちがいない。それまでただ批判され軽蔑されてきた世界のひきこもりたちは、一転してその生き方を受容されたばかりでなく、「ひきこもっていてくれ」と社会から要請されることになった。それは、「世界のひきこもり」にとっても予想外の展開だったことだろう。

私などは「外出自粛」と言われて、これ幸いとばかりにいつにも増してひきこもっていたのだが、ここでもひきこもりの多様性が表出した。以前とまったく変わらない生活を続けるギードなどは、

「へえ、今の世の中はそうなっているのか」

とつぶやいた。日本のひきこもりの中には、「自粛しろ」と言われてかえって外出したくなった人たちもいた。外出しても、街で「ふつうの人」たちに見られないで済むからだという。

今、「新しい生活様式」が急速に広まっている。そんな時代にあって、顔も見えない、声も聞こえない相手にインタビューをすることは、今後は一般的なメディアでも盛んになっていくだ

ろう。それと同時に、インタビューの相手をどれだけ信じられるかという問題も、比例して大きくなっていくように思われる。

最後になったが、日頃から事あるごとにぶつかり合いながらも、私が世界へ発信する場を提供してくれている「ひきポス」編集長・石崎森人氏と、私がブログ「VOSOT（ぼそっとプロジェクト）」などで発信していた海外のひきこもりとの対話を見つけ、本書の企画を思いつき、はるばる札幌から訪ねてきてくれた若き編集者、下郷沙季さんの才覚に敬意を示したい。

二〇二〇年一〇月一日

ぼそっと池井多

ぼそっと池井多《いけいだ》

1962年、横浜生まれ。現在、東京都下在住。
ひきこもり当事者や経験者の声を発信するメディア「ひきポス」の編集委員。
大学卒業を目前に控えた就職活動中にひきこもり始め、
以後、形態をさまざまに変えながら
断続的に35年ほどひきこもっている。
2017年、「世界ひきこもり機構」(GHO) を創設。
近年は、長期化・高齢化したひきこもり当事者とともに、
家族のための語らいの場「ひ老会」や
「ひきこもり親子 公開対論」を主催している。

ブログ「VOSOT (ぼそっとプロジェクト)」
https://vosot.hatenablog.com/

世界《せかい》のひきこもり

地下茎《ちかけい》コスモポリタニズムの出現《しゅつげん》

発　行　2020年10月30日初版第1刷

著　者　ぼそっと池井多

発行者　土肥寿郎

発行所　有限会社寿郎社
〒060-0807
北海道札幌市北区北7条西2丁目 37山京ビル
電話011-708-8565　FAX011-708-8566
e-mail doi@jurousha.com
URL https://www.ju-rousha.com/

印刷・製本　モリモト印刷株式会社

ISBN978-4-909281-29-6 C0036